CAP
> Cuisine
> Restaurant

Connaissance de l'entreprise et de son environnement

1re - 2e années

Catherine Binefa
Professeure d'Économie/Gestion
Lycée des métiers de l'hôtellerie Guillaume Tirel, Paris

Véronique Bignon
Professeure d'Économie/Gestion
Lycée des métiers de l'hôtellerie Guillaume Tirel, Paris

Éditions LT Jacques Lanore

Conception, réalisation technique et infographie : STDI
Iconographie : Sophie Suberbère
Couverture : Les PAOistes

Nos ouvrages utilisent des papiers composés de fibres naturelles, renouvelables, recyclables, fabriqués à partir de bois issus de forêts gérées durablement.

ISBN : 978-2-86268-494-9

Les éditions LT Jacques Lanore sont un département de Delagrave.
Éditions LT J. Lanore - 5, allée de la 2e D.B. – 75015 Paris
www.lanore.com

Sommaire

CAP SAVOIR N° 4 CONNAISSANCE DE L'ENTREPRISE DE RESTAURATION

Connaissance de l'environnement économique, juridique, commercial et social de l'entreprise

Chapitres de l'ouvrage	Connaissances	Limites de connaissances	Conseils pédagogiques	Savoirs associés
S41 : Environnement économique				
1. L'entreprise et ses partenaires	L'entreprise	Son rôle	L'entreprise produit des biens et des services	**CVL Conseil de la Vie Lycéenne** : Découverte du lycée **Histoire Géographie** : La place de l'entreprise sur le territoire, sa localisation, son histoire
	L'entreprise et ses partenaires	L'identification des partenaires et le rôle de chacun à partir d'un schéma simplifié		**Sciences** : La réglementation, la prévention
2. Les ménages et leur budget	Les ménages	Le rôle des ménages Les besoins de consommation d'une famille de quatre personnes à partir d'un cas concret		**Vie personnelle** : Les besoins de la famille **Histoire** : L'évolution de la société
	Le budget des ménages	Les composantes du budget : recettes et dépenses La notion d'épargne	Préparation du budget de la famille Les salaires et allocations sont donnés, les élèves recherchent les différentes dépenses possibles pour cette famille et ses possibilités d'épargne	**Vie personnelle** : Les charges de la famille **Mathématiques** : Calculs Utilisation de la calculatrice
3. La protection du consommateur	La protection des consommateurs Les associations	Le rôle et l'utilité des associations de défense des consommateurs		**Sciences** : Rôle des associations **Français** : La rédaction d'un courrier pour une association
S42 : Environnement juridique				
4. Le statut juridique du commerçant et des entreprises	Le statut juridique de l'entreprise	La différenciation entre l'entreprise individuelle et sociétaire (SARL, EURL, SA)	On se limitera à une reconnaissance de la raison sociale, du siège social, du capital et du statut juridique	**Stages** : Analyse de l'entreprise
	Le commerçant	La définition simple du statut de commerçant	À partir d'exemples reconnaître les caractéristiques du commerçant	**Histoire** : Évolution des commerçants Les sources du droit
S43 : Environnement commercial				
431 Approvisionnement et stockage				
8. La commande	Les documents commerciaux : Le bon de commande	Le rôle du bon de commande (BC) La rédaction du bon de commande	À partir de la demande d'achat, on rédigera le bon de commande	**Mathématiques** : Calculs des pourcentages La TVA, calculer le HT, la TVA et le TTC Calculer les réductions commerciales et financières **Économat** : La réception des marchandises
9. La livraison	Le bon de livraison	Le rôle du bon de livraison (BL) Le contrôle à partir du bon de commande	Repérage des erreurs de livraison et inscription sur le BL À partir du BC, on contrôlera la livraison Analyse des erreurs de livraison : marchandises manquantes, erreur de produits ou produits abimés	
10. La facture fournisseur et son règlement	La facture fournisseur	L'analyse de la facture courante	Vérification des conditions d'achat et des calculs	

Chapitres de l'ouvrage	Connaissances	Limites de connaissances	Conseils pédagogiques	Savoirs associés
12. La fiche technique	La fiche technique	La valorisation de la fiche technique Le calcul du coût matière	Calcul du coût de revient total et unitaire d'un plat Possibilité d'utiliser l'outil informatique	**Cuisine :** Les fiches techniques des plats
11. Les fiches de stock	La gestion des stocks La fiche de stocks	La fiche de stocks en quantité La valorisation de la fiche de stocks selon les méthodes CMUP et PEPS	Établir et effectuer les calculs des fiches de stocks selon les deux méthodes Possibilité d'utiliser l'outil informatique	**Cuisine :** Les stocks **Économat :** Les stocks
432 Facturation et encaissement				
14. La facture et la note client	Les documents commerciaux : La facture client La note	La rédaction de la facture client La rédaction de la note Différenciation entre la facture et la note Le contrôle entre la commande du client et la facture ou la note est effectuée	Calculer la facture du client Calculer la note du client La note est TTC, la facture mentionne le HT et la TVA Possibilité d'utiliser l'outil informatique	**Service :** La facture et la note client **Mathématiques :** Calculs des pourcentages La TVA, calculer le HT, la TVA et le TTC Calculer les réductions commerciales et financières
15. Les règlements clients	Les règlements Cartes bancaires Chèques bancaires et postal Titres restaurant Espèces	Les différents modes et leur utilisation La rédaction du chèque bancaire et postal	Utilisation des différents moyens de paiement	**Service :** La tenue de la caisse Les règlements des clients
13. La main courante	L'analyse des ventes	Lire, compléter et interpréter une main courante de restaurant Établir la concordance entre le relevé des ventes et le relevé des recettes	Une main courante est donnée, faire le relevé des ventes et des encaissements selon les différents modes Possibilité d'utiliser l'outil informatique	**Service :** Établissement de la main courante
S44 : Environnement social				
5. La convention collective et le contrat de travail	La convention collective	Le rôle de la convention collective à partir de l'étude d'extraits	Étude d'un extrait et des grands titres	**Conseil de la Vie Lycéenne (CVL) :** Les contrats, la réglementation, le règlement intérieur
	Le contrat de travail : CDD CDI Extras Saisonnier Les documents de fin de contrat	Le rôle du contrat de travail Les principaux éléments du contrat L'analyse des documents de fin de contrat	Exposer les différences entre CDD et CDI Exposer les mentions obligatoires du contrat de travail Le certificat de travail et le solde de tout compte	**Stage :** Étude des conventions de stage **Sciences :** Respect des règles d'hygiène **Mathématiques :** Calculs des pourcentages **Français :** Rédaction du CV et de la lettre de motivation **Langue vivante :** Rédaction du CV et de la lettre de motivation
6. La durée du travail	La durée du travail Repos hebdomadaire Repos compensateur Les congés payés	Le calcul des heures normales et supplémentaires Le calcul des heures de repos Le calcul du nombre de jours de congés payés		**Mathématiques :** Calculs des pourcentages **Français :** Rédaction de sa demande de congé payé à l'employeur
7. La rémunération	La rémunération du travail	L'identification des éléments du bulletin de paye	Analyse des différentes parties du bulletin de paye	**Mathématiques :** Calculs des pourcentages

Mode d'emploi

Découvrir

- Les objectifs du chapitre
- Le vocabulaire indispensable
- Une activité préparatoire liée à l'entreprise étudiée

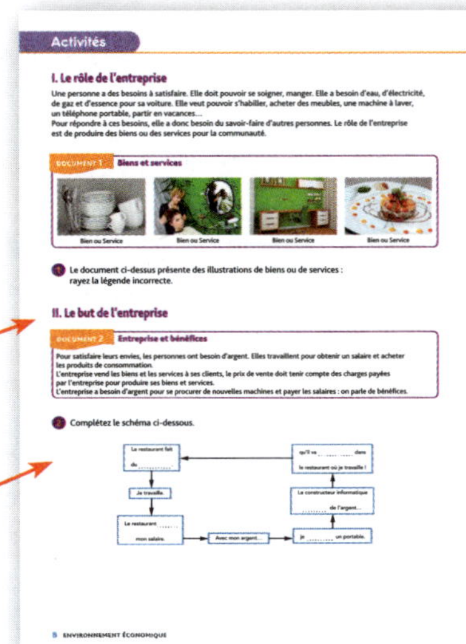

Mettre en œuvre les compétences

- Des documents de natures variées
- Des questions utilisant des verbes directeurs afin d'orienter la réflexion de l'élève

Faire le point

Une synthèse à compléter

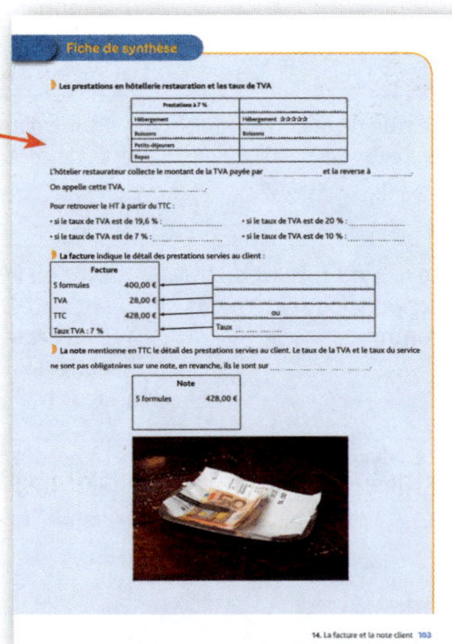

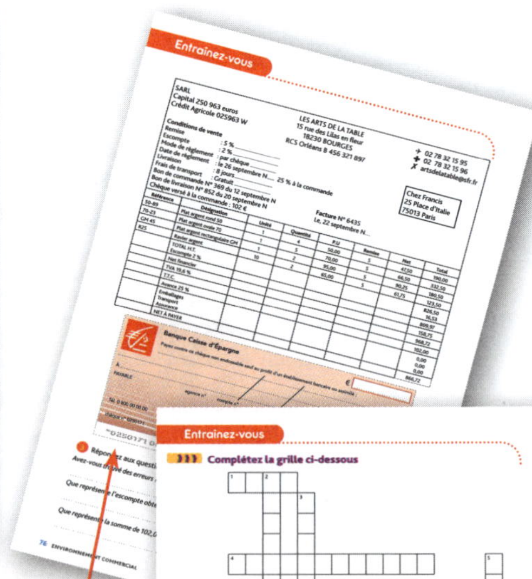

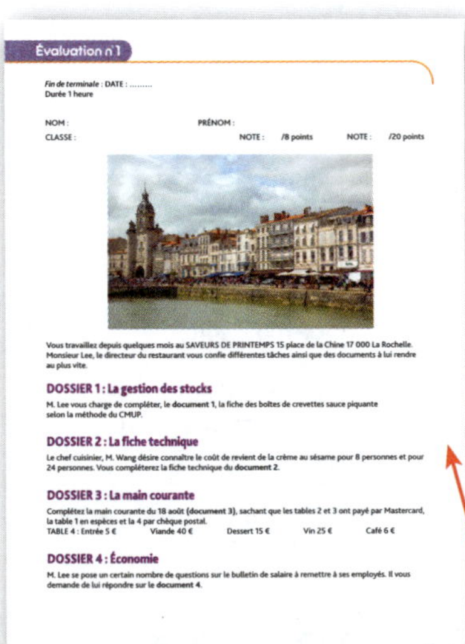

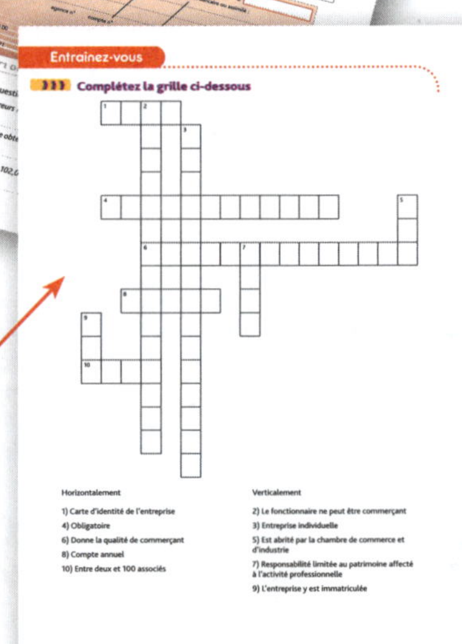

S'entraîner

- Un travail à faire à partir de documents professionnels
- Des activités ludiques pour valider les connaissances

Passer le CCF

Quatre sujets pour s'entraîner au CAP

1 L'entreprise et ses partenaires

ENVIRONNEMENT ÉCONOMIQUE

OBJECTIFS

- ☐ L'identification des partenaires et le rôle de chacun à partir d'un schéma simplifié.

CARTE D'IDENTITÉ DE L'ENTREPRISE

Ici nous évoquerons toutes les types d'entreprises : grandes, moyennes et petites.

Sans oublier les entreprises internationales !

Vocabulaire

Bien : un objet, une chose que quelqu'un possède. Produit qui doit satisfaire les besoins des consommateurs. L'entreprise fabrique des biens : table, ordinateur, voiture, etc.
Service : faire quelque chose qui rend service aux consommateurs. Le coiffeur coupe les cheveux. Le cuisinier prépare le repas : ici l'entreprise ne fabrique pas de biens, elle rend des services.
Bénéfice : différence entre le prix d'achat et le prix de vente d'un bien ou d'un service.

→ Activité préparatoire

Cette année vous êtes en lycée hôtelier, en formation initiale ou en CFA.
Vous allez partir en stage dans une entreprise.

Votre chef des travaux vous remet un dossier à compléter avant de partir découvrir le monde de l'entreprise. Vous allez pouvoir comprendre rapidement l'environnement de votre futur employeur.

I. Le rôle de l'entreprise

Une personne a des besoins à satisfaire. Elle doit pouvoir se soigner, manger. Elle a besoin d'eau, d'électricité, de gaz et d'essence pour sa voiture. Elle veut pouvoir s'habiller, acheter des meubles, une machine à laver, un téléphone portable, partir en vacances…
Pour répondre à ces besoins, elle a donc besoin du savoir-faire d'autres personnes. Le rôle de l'entreprise est de produire des biens ou des services pour la communauté.

DOCUMENT 1 **Biens et services**

Bien ou Service

Bien ou Service

Bien ou Service

Bien ou Service

1 Le document ci-dessus présente des illustrations de biens ou de services : rayez la légende incorrecte.

II. Le but de l'entreprise

DOCUMENT 2 **Entreprise et bénéfices**

Pour satisfaire leurs envies, les personnes ont besoin d'argent. Elles travaillent pour obtenir un salaire et acheter les produits de consommation.
L'entreprise vend les biens et les services à ses clients, le prix de vente doit tenir compte des charges payées par l'entreprise pour produire ses biens et services.
L'entreprise a besoin d'argent pour se procurer de nouvelles machines et payer les salaires : on parle de bénéfices.

2 Complétez le schéma ci-dessous.

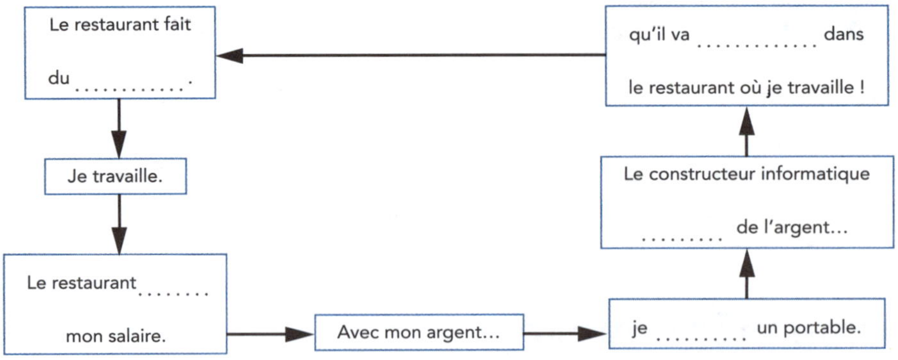

III. Les partenaires de l'entreprise

Nous ne sommes pas seuls dans le monde, nous avons besoin des autres.
L'entreprise ne peut pas survivre seule : elle a besoin des autres, elle a des partenaires.

3 Complétez le schéma ci-dessous à l'aide des mots suivants (le même mot peut être utilisé plusieurs fois) :
Banque – Fournisseur de marchandise – État – Fournisseur de service – Personnel – Fournisseur de matière première – Clients – Fournisseur de matériel – Assureurs

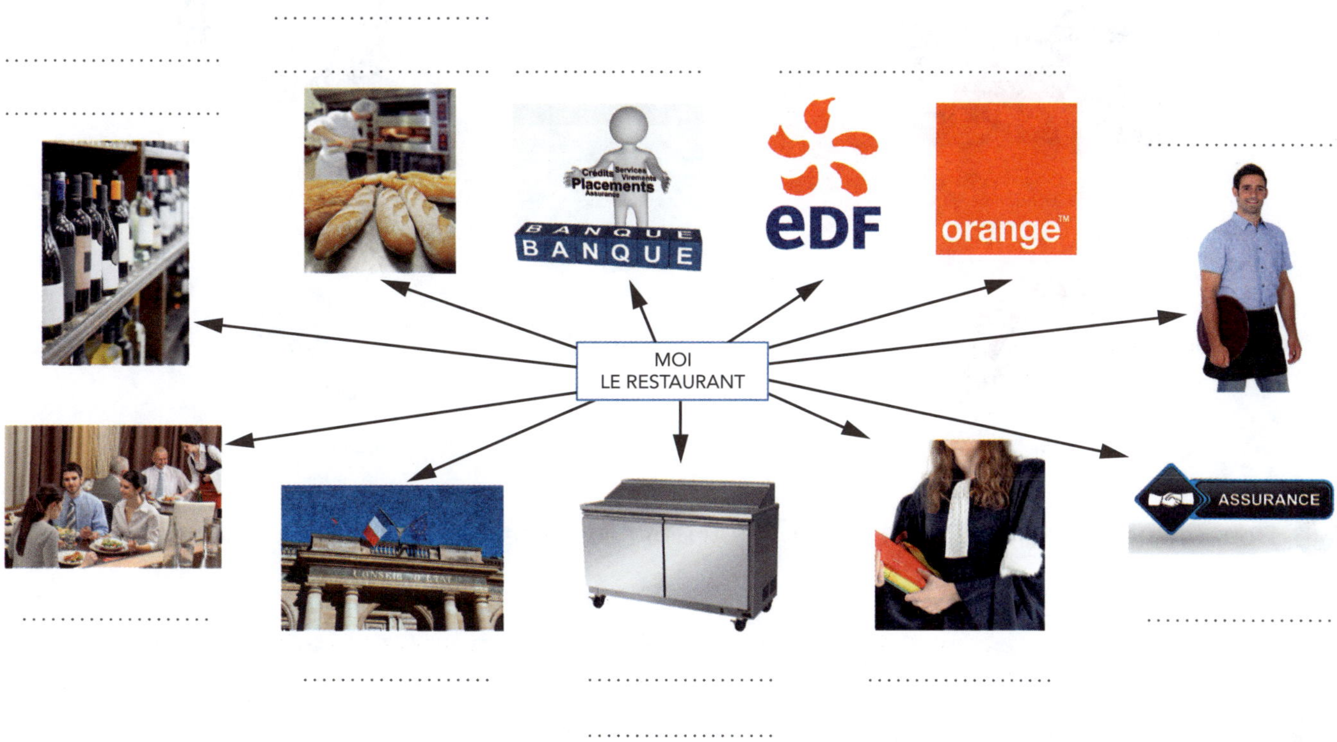

4 Citez d'autres partenaires fournisseurs de matière première.

....

5 Citez d'autres partenaires fournisseurs de marchandise.

....

6 Citez d'autres partenaires fournisseurs de biens d'équipement ou d'autres types de biens d'équipement.

....

7 Citez d'autres partenaires fournisseurs de services.

....

IV. Les relations entre l'entreprise et ses partenaires

L'entreprise doit entretenir de bonnes relations avec l'ensemble de ses partenaires. Le restaurant est étroitement lié à l'ensemble de ses partenaires. Si l'un d'eux fait défaut, le système peut s'effondrer.

7 Complétez le schéma ci-dessous.

Banque – Fournisseur de marchandise – État – Fournisseur de service – Personnel – Fournisseur de matière première – Clients – Fournisseur de matériel – Assureurs

Problème de livraison de légumes → Pas de service →

Le client est ....

Baisse de chiffre .... → Baisse .... → pôle emploi

Possibles licenciements

8 Donnez une solution à « MOI LE RESTAURANT » pour éviter une panne de livraison.

....

....

9 Indiquez le rôle des partenaires cités dans la question 3.

Partenaires	Le rôle des partenaires de « MOI LE RESTAURANT »
La boucherie	....
La Cave viticole	....
EDF/GDF	....
Orange	....
Société Générale	....
Le personnel	....
Les clients	....
L'État	....
Le cuisiniste	....
Assurance	....

Fiche de synthèse

Le rôle de l'entreprise est de .... ou .... pour satisfaire .... de la communauté et les .... pour en tirer des ....

L'entreprise a de nombreux .... avec lesquels elle doit entretenir de bonnes relations :

– Les fournisseurs ....
– Les fournisseurs ....
– Les fournisseurs ....
– .... : à qui elle vend des biens ou des services.
– .... : qui s'occupent de son argent et lui procure des moyens de financements.
– .... : qui protègent ses biens, l'activité, le personnel, les clients et elle-même.
– .... : à qui elle paye les impôts.

Entraînez-vous

Pour ouvrir un établissement

Amine souhaite ouvrir un salon de thé avec Aicha sa compagne. Ils se posent des questions sur le rôle des différents partenaires auxquels ils doivent s'adresser avant d'ouvrir leur salon de thé.

Vous les aidez à recenser les différents partenaires avec qui ils vont devoir travailler et vous leur expliquez leurs rôles respectifs.

Besoins des entrepreneurs/Rôles des partenaires	Partenaires
Nous avons besoin d'argent pour acheter notre salon.	....
Nous devons embaucher une serveuse et un pâtissier.	....
....	Assurance
Nous avons besoin d'aide pour tenir notre comptabilité.	....
Nous avons besoin de farine, d'amandes, de sucre, de miel, de dattes, etc. pour confectionner nos gâteaux.	....
Nous avons besoin de tables, de chaises, de vaisselle…	....
Pour rédiger le contrat de l'entreprise et le contrat de travail de nos employés, nous aurons besoin de conseils.	....
Nous devrons déclarer le montant de notre chiffre d'affaires.	....
Le salon doit être relié à l'eau, à l'électricité et au gaz.	....
....	Orange, Free, SFR
Nous avons besoin du travail de nos employés.	....
L'établissement doit dégager des bénéfices	....

Entraînez-vous

Complétez le schéma du cycle de production d'un plat

L'exploitant agricole récolte ses légumes.

↓

Il passe par la .... de la région,
puis par le marché de Rungis.

↓

Le restaurateur .... ses fruits et ses légumes.

↓

.... de la marchandise.

↓

L'économe .... et .... la marchandise livrée.

On .... la marchandise.

↓

Le chef prépare le plat commandé par le client.
Le serveur porte le plat au client.

↓

Après avoir dégusté son plat, le client .... le service rendu

par ....

2 Les ménages et leur budget

ENVIRONNEMENT ÉCONOMIQUE

OBJECTIFS

- ☐ Le rôle des ménages. Les besoins de consommation d'une famille de quatre personnes à partir d'un cas concret.
- ☐ Les composantes du budget : recettes et dépenses.
- ☐ La notion d'épargne.

CARTE D'IDENTITÉ DE L'ENTREPRISE

Le restaurant « LES LAURIERS ROSES » situé en baie d'Ajaccio vient de vous embaucher.

Vous commencez à travailler et vous allez toucher votre première paie.

Vocabulaire

Revenu : argent gagné par les ménages : salaires, bourses, allocations, etc.
Budget prévisionnel : tableau des dépenses et des recettes fait à l'avance.
Épargne : argent non consommé mis de côté en prévision de dépenses futures.
Patrimoine : ensemble des biens et des dettes du ménage.

→ Activité préparatoire

Vous souhaitez signer votre premier contrat de location d'appartement. Vos parents vous conseillent de tenir votre budget, de bien mesurer vos recettes et vos dépenses pour être sûr d'y arriver.

Derrière votre ordinateur vous faites une recherche sur internet avec les mots clés suivants : ménage, ressources, dépenses, budget.

I. Notion de ménage

DOCUMENT 1 **Le ménage**

Depuis 2005, (...) est considéré comme un ménage l'ensemble des personnes (apparentées ou non) qui partagent de manière habituelle un même logement (que celui-ci soit ou non leur résidence principale) et qui ont un budget en commun (...) c'est-à-dire :
1) qui apportent des ressources servant à des dépenses faites pour la vie du ménage ;
2) et/ou qui bénéficient simplement de ces dépenses.

www.insee.fr

1 Identifiez les deux éléments qui caractérisent les ménages.

– ....

– ....

2 Repérez les deux composantes du budget des ménages.

– ....

– ....

II. Les ressources des ménages

DOCUMENT 2 **Les différentes sources de revenus**

	Revenus d'activité, du patrimoine et pensions			Prestations sociales			
Type de ménage	Revenu d'activité (y compris allocations chômage)	Pensions	Revenu du patrimoine	Prestations familiales et logement	Minima sociaux et RSA activité	Mesures exceptionnelles de 2009	Revenu avant impôt (en euros)
Personnes seules	74,8	10,4	9,4	2,8	2,5	0,1	24 000
Familles monoparentales	70,9	7,2	4,5	12,7	4,1	0,6	28 120
Couples	80,5	7,0	8,2	3,6	0,6	0,1	53 100

Note : les minima sociaux comprennent le minimum vieillesse, l'AAH, le RMI, l'API, le RSA socle.
Les mesures exceptionnelles de 2009 comprennent une prime exceptionnelle de 150 euros versée aux familles modestes éligibles à l'allocation de rentrée scolaire pour la rentrée 2008 ainsi qu'une prime « de solidarité active » de 200 euros versée au début de l'année 2009 aux foyers allocataires du RMI, de l'API, ainsi qu'aux allocataires d'une aide au logement sous certaines conditions d'activité professionnelle.

Insee-DGFiP-Cnaf-Cnav-CCMSA, enquête Revenus fiscaux et sociaux 2009

3 Citez les différents types de revenus des ménages.

....

....

4 Expliquez à quoi correspond la somme de ces revenus.

....

5 Concluez sur le montant exact des revenus disponibles des ménages.

....

6 Identifiez la catégorie de ménage qui perçoit le plus de prestations sociales.

....

III. Les dépenses des ménages

DOCUMENT 3 Répartition des dépenses des ménages en 2010

	Part dans le budget des ménages (en %)
Alimentation et boissons non alcoolisées	13,3
Boissons alcoolisées et tabac	3,1
Articles d'habillement et chaussures	4,3
Logement, chauffage, éclairage	25,5
Équipement du logement	5,7
Santé (dépenses à la charge des ménages)	3,8
Transports	14,0
Communications	2,8
Loisirs et culture	8,6
Éducation (dépenses à la charge des ménages)	0,9
Hôtels, cafés et restaurants	7,0
Autres biens et services	11,0
Dépenses de consommation des ménages	100,0

D'après l'Insee

7 Identifiez les trois premiers postes de dépense des ménages en 2010.

....

8 Citez un poste de dépense fixe (que l'on peut difficilement diminuer).

....

9 Citez un poste de dépense variable (que l'on peut restreindre).

....

10 Citez un poste de dépense occasionnelle ou facultative.

....

DOCUMENT 4 Évolution du budget des ménages.

Évolution des principaux postes depuis 1960

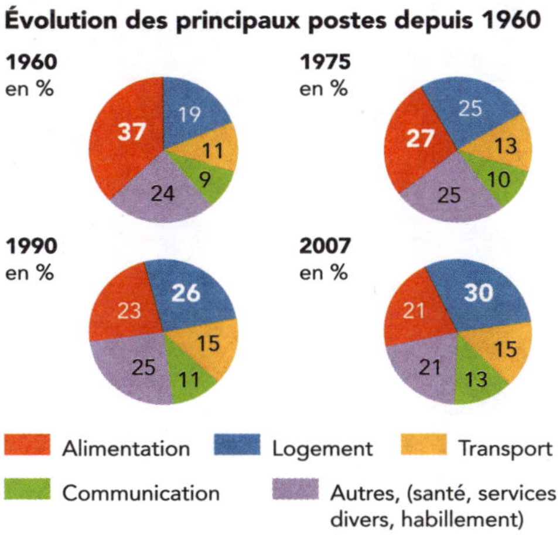

www.ladepeche.fr

Activités

11 Citez deux faits marquants sur l'évolution du budget des Français entre 1960 et 2007.

....

....

12 Expliquez pourquoi le poste « communication » a plus d'importance aujourd'hui.

....

....

IV. Le budget des ménages

Monsieur et Madame Fournier viennent de se marier en ce mois de juillet.
Ils gagnent chacun 1 600 euros par mois. Ils aimeraient partir en voyage dans un an.
Leur destination dépendra de leurs moyens. Afin de prévoir ces vacances ils établissent leur budget.

Loyer charges comprises : 990,00 € Assurance habitation : 20,00 € Eau : 34,00 € Électricité (hors chauffage) : 36,00 € Gaz (chauffage) : 118,00 € Madame Fournier achète le pass navigo pour aller travailler : 81,50 € Monsieur Fournier prend sa voiture et dépense de l'essence : 82,00 € L'assurance automobile : 52,00 €	Ils ont chacun une mutuelle santé : 60 € La taxe d'habitation (part mensuelle) : 47,00 € Impôt sur le revenu (part mensuelle) : 80,00 € Téléphone fixe : abonnement + communication + internet : 36,00 € Téléphone portable : deux forfaits à 30,00 € chacun Alimentation : 450,00 € Vêtement : 80,00 € Loisirs (cinéma, restaurant, livres…) : 200,00 €

Budget mensuel des FOURNIER

Recettes			
Salaire de M. Fournier	1 600,00	Salaire de Mme Fournier	1 600,00
Total des Recettes			**3 200,00**
Dépenses			
Loyer	990,00	Mutuelle santé	60,00
Assurance	20,00	Taxe d'habitation	47,00
Eau	34,00	Impôt sur le revenu	80,00
Électricité	36,00	Téléphone fixe	36,00
Gaz	118,00	Téléphone portable	60,00
Pass navigo	81,50	Vêtements	80,00
Essence	82,00	Alimentation	450,00
Assurance automobile	52,00	Divers (cinéma, restaurant, livres)	200,00
Total des Dépenses			**2 426,50**
Excédent ou déficit (Recettes – Dépenses)			**773,50**

13 Complétez le budget prévisionnel de monsieur et madame Fournier.

14 Calculez leur épargne annuelle.

....

15 Estimez si leur projet est réalisable.

....

Fiche de synthèse

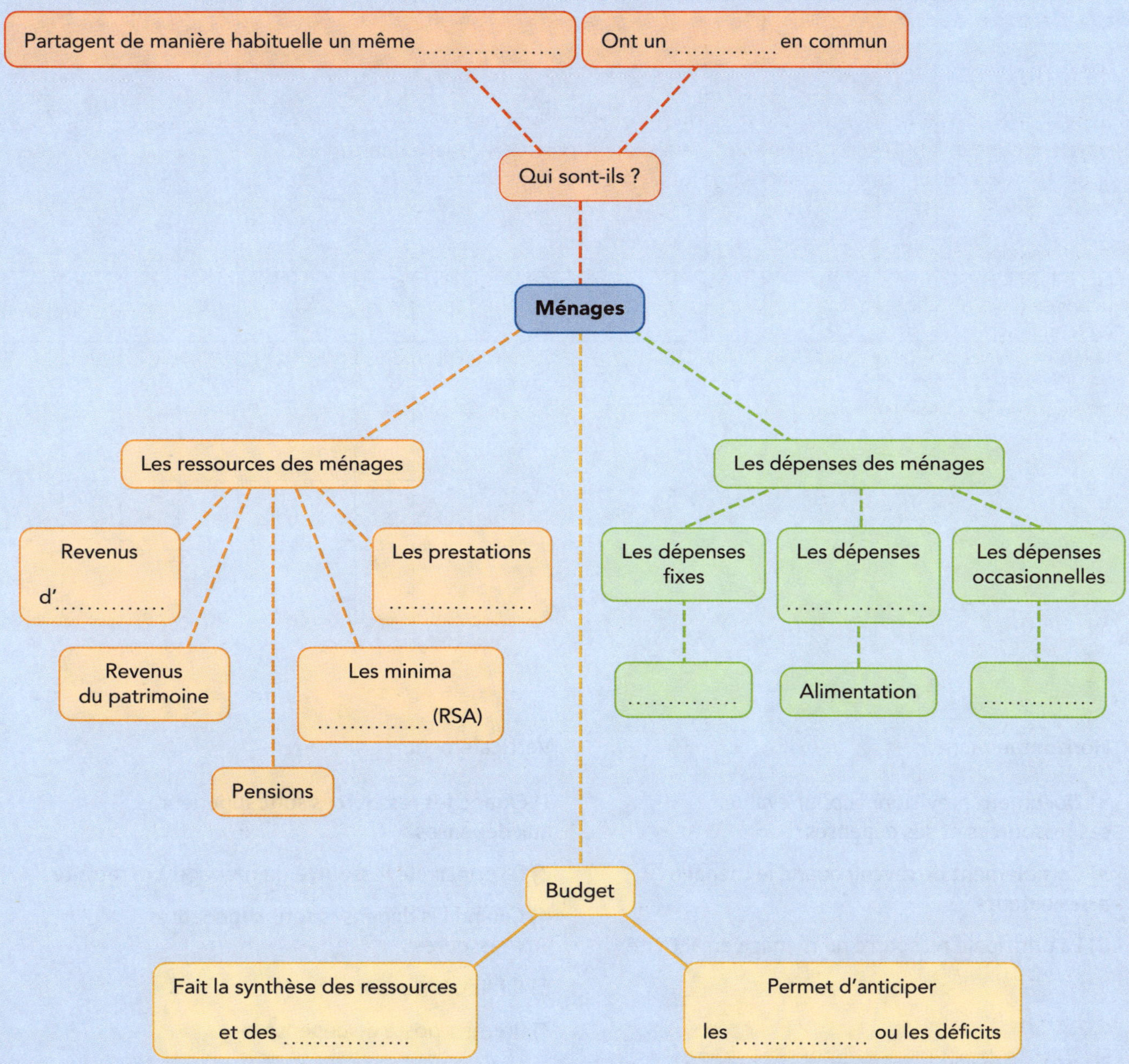

Entraînez-vous

››› Complétez la grille ci-dessous

Horizontalement

3) Document prévisionnel pour évaluer ses ressources et ses dépenses

5) Complément de revenu quand le ménage a des enfants

8) La principale ressource du ménage en activité

Verticalement

1) Quand les ressources sont supérieures aux dépenses

2) La principale ressource du ménage à la retraite

4) Quand les dépenses sont supérieures aux ressources

6) Il fait des dépenses

7) Premier poste de dépense

3 La protection des consommateurs

ENVIRONNEMENT ÉCONOMIQUE

OBJECTIFS

- ☐ La protection des consommateurs.
- ☐ Le rôle et l'utilité des associations.

CARTE D'IDENTITÉ DE L'ENTREPRISE

Vous et vos factures...

Vocabulaire

Association : groupement de personnes qui met en commun des connaissances et des compétences dans un but autre que de faire des bénéfices.

Cotisations : participations financières des membres d'une association afin de donner à cette dernière les moyens de fonctionner.

Litige : différend entre deux personnes qui doit le plus souvent être traité par les tribunaux.

Contrat : c'est une convention passée entre deux personnes qui obligent chacune d'elles à faire, à ne pas faire ou à donner quelque chose. Le non-respect du contrat provoque un litige qui doit parfois se régler en justice.

→ Activité préparatoire

Vous venez de recevoir la facture de votre téléphone portable. Vous n'y comprenez rien et même après avoir pris contact avec l'opérateur vous sentez une arnaque.
Vous voulez vous adresser à une association de défense des consommateurs.
Derrière votre ordinateur vous faites une recherche sur internet avec les mots clés suivants : « association », « consommateur », « défense ».

Activités

I. Définition de l'association

DOCUMENT 1 **Forum des associations**

Article 1
L'association est la convention par laquelle deux ou plusieurs personnes mettent en commun, d'une façon permanente, leurs connaissances ou leur activité dans un but autre que de partager des bénéfices.

www.legifrance.gouv.fr

1. Identifiez le rôle d'une association.

2. Donnez des exemples d'associations.

3. Estimez si le rôle d'une association est de faire des bénéfices.

II. Le rôle des associations de défense des consommateurs

DOCUMENT 2 **« Plus nous serons nombreux, plus nous serons écoutés »**

L'activité de l'UFC-Que Choisir des Deux-Sèvres a-t-elle progressé en 2011 ?
« Elle est restée stable avec environ 1 350 sollicitations (par courrier, téléphone ou e-mail) et 328 dossiers ouverts. En revanche, nous avons enregistré une progression de 10 % du nombre de nos adhérents : les gens sont de plus en plus nombreux à se rendre compte que notre association est un contre-pouvoir indispensable. Et c'est tant mieux car plus nous serons nombreux, plus notre parole aura du poids. »

Du poids contre qui ?
« Contre ces professionnels ou institutions qui, en période de crise, essaient de forcer les tarifs. (...)

www.lanouvellerepublique.fr

4. Expliquez la raison d'être d'une association de consommateurs.

5 Dans le texte du Document 2, repérez comment prendre contact avec l'association.

....

6 Citez les personnes que défend l'association.

....

DOCUMENT 3 **Les principaux domaines d'intervention aujourd'hui**

À l'UFC Que Choisir, on ne connaît pas la crise. Les litiges à traiter sont nombreux et on ne chôme pas pour les résoudre. Au palmarès des conflits : le logement, la téléphonie et les banques.

Dans le palmarès des sujets de conflits, on retrouve le logement : il représente 23 % des litiges en 2011 et 49 affaires traitées. « Cela concerne généralement la restitution du dépôt de garantie, car l'état des lieux du logement n'a pas été fait correctement à l'entrée ou à la sortie. » Les problèmes liés aux opérateurs de téléphonie reviennent également en force. (…) La résiliation des contrats, la facturation, les défauts de service sont bel et bien toujours au menu des permanences de l'UFC Que Choisir (35 dossiers en 2011). De plus en plus de litiges sont également enregistrés avec les banques. Vingt ont été traités à Paimpol en 2011. Frais de compte, frais de découvert, commissions d'intervention prises lors de dépassement de découvert… sont monnaie courante. « On a un couple avec deux comptes auquel on a fait payer plus de 2 000 € de frais. C'est complètement exagéré », commente Louis Hamon. On note aussi une belle croissance du côté « auto-moto-bateau », 19 dossiers, soit 11 % de plus qu'en 2010. « Le plus souvent, il s'agit de réparations mal faites. » (…)

Marina Chélin, 2 mars 2012 **UFC Que Choisir. Paimpol**

www.letelegramme.com

7 Identifiez les principaux domaines d'intervention.

....

8 Citez les principaux problèmes que doit traiter l'association.

....

III. Les moyens d'action

DOCUMENT 4 **Les ressources**

BULLETIN D'ADHÉSION A L'U.F.C. QUE CHOISIR ET D'ABONNEMENT AU CONSOMMATEUR

Nom .... Prénom ....

Adresse ....

Code postal .... Ville .... ☎ ....

❑ Adhésion + abonnement : 28 € ❑ Avec soutien : 32 €

❑ Adhésion pour 1 an à l'U.F.C. « Que choisir » : 24 €

❑ Abonnement annuel au CONSOMMATEUR (quatre numéros) : 4 €

Ci-joint un chèque de .... €, à l'ordre de l'U.F.C. « Que choisir » que j'expédie, accompagné de ce bon, à l'association locale* de l'U.F.C. « Que choisir », la plus proche de mon domicile.

(*) La liste des associations locales de l'U.F.C. « Que choisir » se trouve au bas de cette page.

SI VOUS ÊTES DÉJÀ MEMBRE DE L'U.F.C., N'OUBLIEZ PAS DE RENOUVELER VOTRE ADHÉSION AINSI QUE VOTRE ABONNEMENT

L 12260 - 506 - F: 4,60 €

9 Citez les origines des ressources de l'association.

....

10 Justifiez la démarche.

....

DOCUMENT 5 **Les actions**

Nous achetons
Tous les produits que nous testons. Nous les payons comme vous le feriez vous-mêmes.

Nous testons
Tous les produits achetés anonymement à partir d'un protocole établi par les ingénieurs de notre service essais comparatifs. Nos essais sont réalisés dans des laboratoires indépendants et qualifiés en partenariat avec nos homologues européens. Les produits sont testés selon leur aptitude à la fonction, leur ergonomie et leur sécurité.

Nous enquêtons
Sur l'ensemble du territoire, avec l'aide de nos associations locales, afin de recueillir des informations sur la fiabilité des produits et l'efficacité des services.

Nous attaquons en justice
Chaque fois que cela s'avère nécessaire. Depuis 30 ans l'UFC-Que Choisir est habilitée à exercer une action en justice pour faire évoluer la jurisprudence.

Nous n'acceptons aucune publicité
La quasi-totalité de nos ressources provient de nos seules ventes par abonnements et chez les marchands de journaux.

Nous interdisons les reprises publicitaires
Les résultats de nos tests comparatifs et les informations que nous publions ne peuvent faire l'objet d'aucune exploitation commerciale ou publicitaire. (...)

www.quechoisir.org

11 Donnez le nom complet de l'association de défense des consommateurs la plus ancienne de France.

....

12 Citez ses actions.

....

....

....

IV. Les résultats

DOCUMENT 6 **Les grandes batailles**

L'UFC-Que choisir mène des grandes batailles dès les années 70 en matière d'environnement (pollution des plages) et de qualité alimentaire (boycott du veau aux hormones en 1980). Elle s'est toujours engagée en faveur de la sécurité et de la santé des consommateurs. Très impliquée au début des années 90 dans le dossier de la « vache folle », elle demande en 1997 la traçabilité et l'étiquetage de la viande bovine. Elle s'attache aussi à informer les consommateurs sur les dangers pour la santé de certains aliments ou produits (...). Par ailleurs, l'UFC-Que choisir mène des offensives contre les dérives des prix lors du passage à l'euro. Dans le secteur bancaire, elle s'est opposée aux chèques payants en 1986, s'attaquant à l'explosion de la tarification de leurs services. Avec l'arrivée des nouvelles technologies de l'information et de la communication, l'UFC-Que choisir défend les consommateurs lésés par les opérateurs de téléphonie (...).

www.conso.net

13 Identifiez les deux grands engagements de l'association depuis ses débuts.

....

....

14 Donnez un exemple d'acquis obtenu par l'association pour ces deux grands engagements

....

Fiche de synthèse

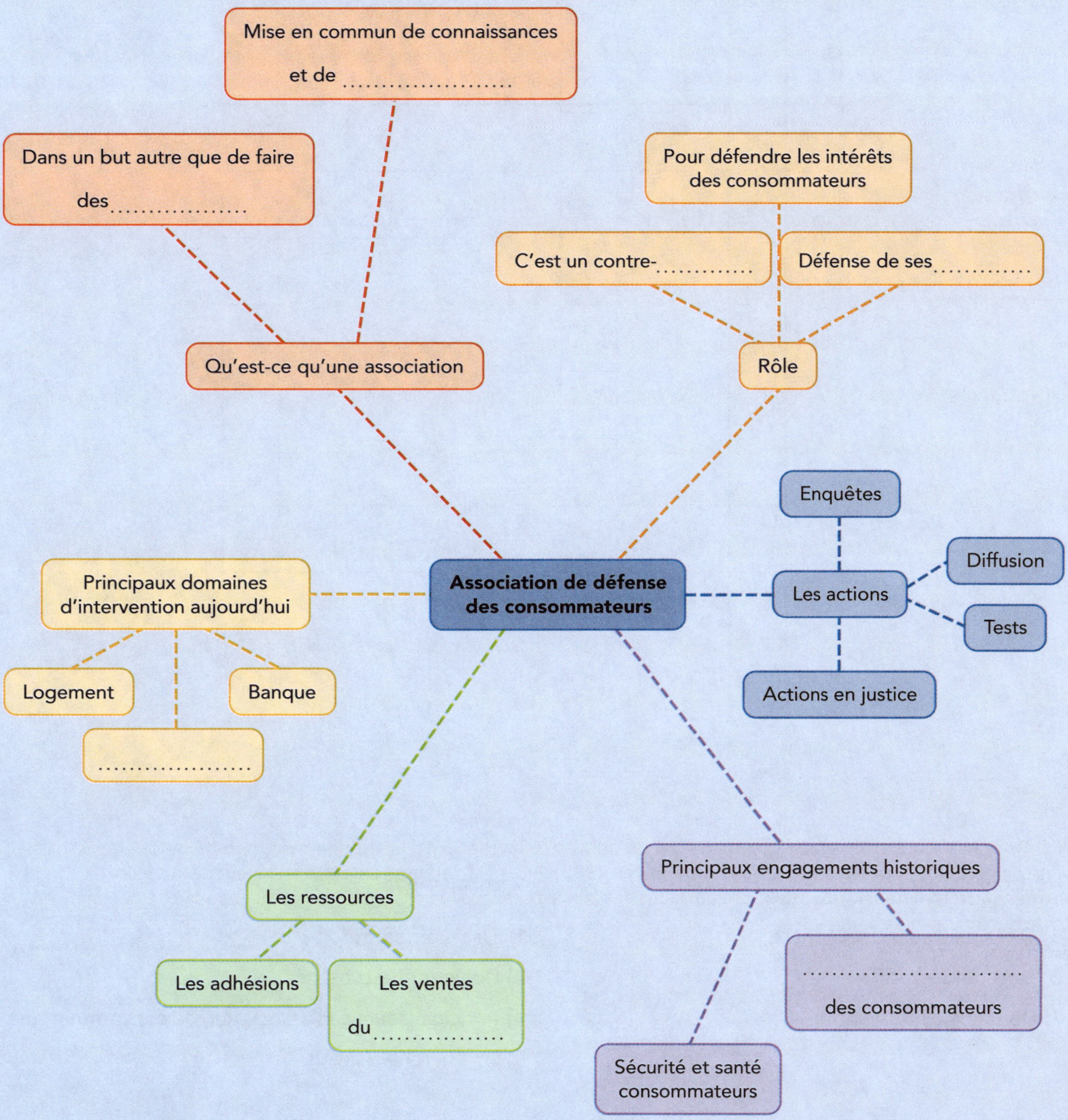

Entraînez-vous

Complétez la grille ci-dessous

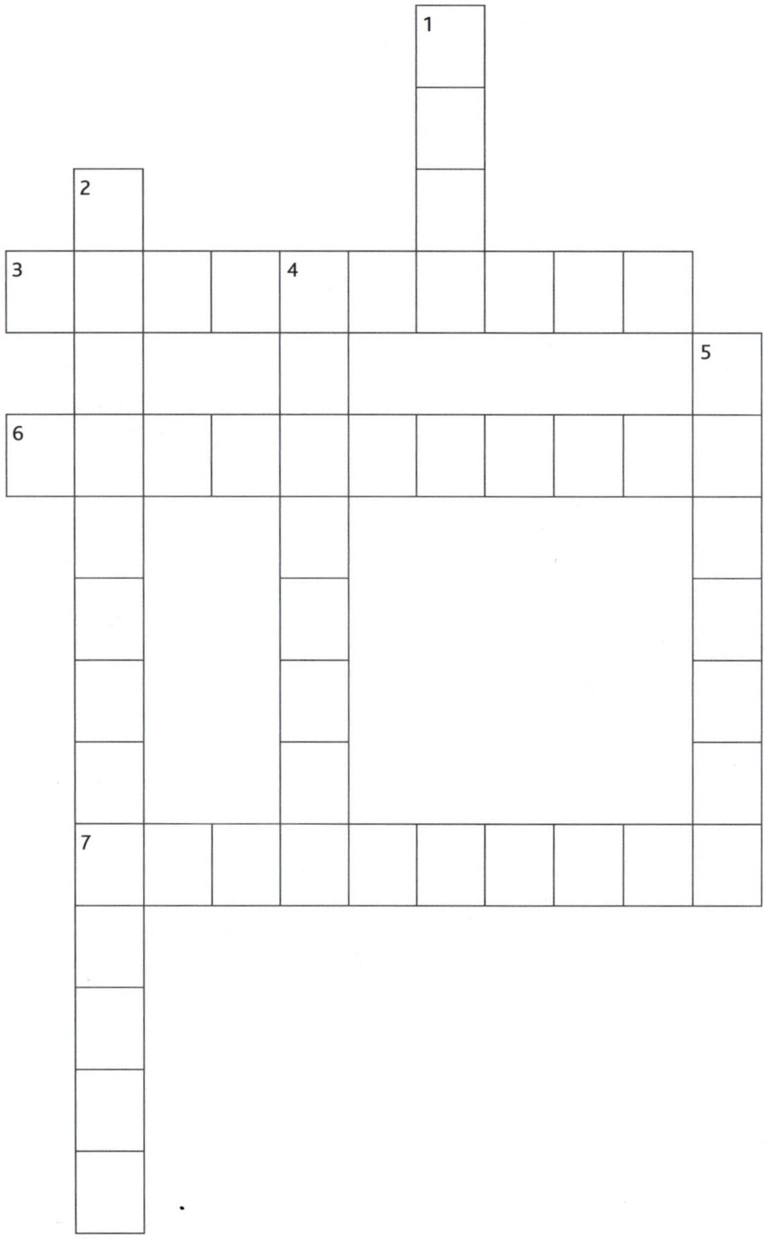

Horizontalement

3) On la paie quand on adhère

6) Sans but lucratif

7) Domaine d'intervention

Verticalement

1) Essai comparatif

2) Doivent être protégés

4) Principal souci de l'association de consommateurs

5) On cherche à savoir

4 Le statut juridique des commerçants et des entreprises

ENVIRONNEMENT ÉCONOMIQUE

OBJECTIFS

- ☐ Le commerçant : la définition simple du statut de commerçant.
- ☐ Le statut juridique de l'entreprise : la différenciation entre l'entreprise individuelle et sociétaire.

CARTE D'IDENTITÉ DE L'ENTREPRISE

Les particuliers au vide-greniers…

… et les professionnels de Conflens !

Vocabulaire

Commerçant : toute personne qui procède à des actes de commerce de façon habituelle.
Comptabilité : enregistrement dans des comptes, de tous les mouvements qui modifient le patrimoine de l'entreprise et de toutes les dépenses et recettes de cette entreprise.
Personne physique : une personne physique est une personne humaine titulaire de droits et identifiable grâce à son nom, son domicile et sa nationalité.
Personne morale : une personne morale est un groupement de personnes physiques.

→ Activité préparatoire

Vous faites des extras le samedi au restaurant **Les palmiers** à Confolens.
Ce samedi c'est la grande braderie et vide-greniers.
Le restaurant attend beaucoup de monde et vous aurez du travail.

I. Définition du commerçant

DOCUMENT 1 **Braderie et vide-greniers**

Du côté des Palmiers, on attend beaucoup de client à l'occasion de cette braderie et vide-greniers de Conflens.
Votre frère y participe aussi : il a loué deux mètres linéaires pour vendre divers objets appartenant à toute la famille. C'est l'occasion de faire un grand rangement, de se débarrasser des vieilleries et de gagner un peu d'argent !

1 Identifiez la qualité des participants à la braderie vide-greniers

....

2 Expliquez ce que vont vendre les différentes catégories de participants.

....

....

....

....

....

DOCUMENT 2 **Extraits d'articles du Code de commerce**

Article L310-2 du Code de commerce
Les particuliers non inscrits au registre du commerce et des sociétés sont autorisés à participer aux ventes au déballage en vue de vendre exclusivement des objets personnels et usagés deux fois par an au plus.

Article L121-1 du Code de commerce
Sont commerçants ceux qui exercent des actes de commerce et en font leur profession habituelle.

Article L110-1 du Code de commerce (extrait)
La loi répute actes de commerce :
Tout achat de biens meubles pour les revendre, soit en nature, soit après les avoir travaillés et mis en œuvre. (...)

www.legifrance.gouv.fr

3 Repérez les personnes que l'on peut qualifier de commerçant.

....

4 Justifiez votre réponse.

....

....

....

....

....

II. Conditions juridiques d'exercice d'une activité commerciale

DOCUMENT 3 **Capacité, incompatibilité, condamnations et nationalité**

Pour exercer une activité commerciale il faut être **majeur**, mais depuis le 15 juin 2010 un mineur émancipé peut être commerçant sur l'autorisation du juge des tutelles ou du Président du tribunal de Grande Instance. Certaines professions sont **incompatibles** avec le statut de commerçant comme les fonctionnaires (professeurs, policiers...). D'autre part il ne faut pas avoir subi certaines **condamnations** pénales. Certaines activités sont **réglementées** et requièrent l'obtention d'un diplôme ou une autorisation administrative (ex. : licence de débit de boissons). Enfin, les personnes de **nationalité** étrangère, sauf les ressortissants de l'espace économique européen, les étrangers titulaires d'une carte de résidents et ceux qui bénéficient d'une convention internationale (Algérie, Andorre, Monaco), doivent demander au préfet la délivrance d'une carte de séjour temporaire autorisant l'exercice d'une activité professionnelle.

DOCUMENT 4 **Peuvent-ils être commerçants ?**

	OUI	NON	Justification
Tara, née à Bali, vient d'arriver sur le territoire français et est titulaire d'une carte de séjour. Elle souhaite ouvrir un magasin de fleurs. Elle remplit toutes les conditions mais se demande si en tant qu'étrangère elle peut devenir commerçante.			....
Jean, commissaire de police, envisage d'ouvrir une boutique de jeux vidéo.			....
Valérie a 18 ans et aimerait être commerçante. Elle se verrait bien pharmacienne.			....
Malik a 17 ans et vient d'hériter du restaurant de son grand-père. Pourra-t-il l'exploiter ?			....

5 Déterminez pour chacun des cas ci-dessus s'il est possible d'acquérir la qualité de commerçant.

III. Obligations des commerçants

DOCUMENT 5 **Immatriculation au registre du commerce et des sociétés**

Toute personne physique exerçant une activité commerciale ou toute société commerciale doit demander son immatriculation au registre du commerce et des sociétés par l'intermédiaire du Centre de Formalités des Entreprises (CFE) de la chambre de Commerce et d'Industrie (CCI).

www.nancy.cci.fr

Le greffe du tribunal de commerce procède à l'immatriculation et délivre un « extrait K » pour les personnes physiques ou un « extrait Kbis » pour les sociétés. Ce document représente la carte d'identité des entreprises et atteste de leur existence juridique. Sur cet extrait est mentionné le numéro RCS devant figurer sur tous les papiers commerciaux. Il se présente sous la forme suivante : **RCS TOULOUSE 321 654 987**.

6 Repérez à qui on doit s'adresser pour obtenir l'immatriculation au RCS.

....

7 Expliquez ce qui se passe entre le passage au CFE et l'obtention de l'extrait K.

....

....

8 Que représente l'extrait K ?

....

DOCUMENT 6 **Tenue d'une comptabilité**

Article L123-12
Toute personne physique ou morale ayant la qualité de commerçant doit procéder à l'enregistrement comptable des mouvements affectant le patrimoine de son entreprise. (...) et doit établir des comptes annuels à la clôture de l'exercice (...). Ces comptes annuels comprennent le bilan, le compte de résultat et une annexe (...).

www.legifrance.gouv.fr

9 Identifiez l'obligation prévue par le Code de commerce.

....

10 Expliquez l'incidence de cette obligation pour un commerçant qui ne connaît pas la comptabilité.

....

IV. Choix d'un statut juridique

DOCUMENT 7 **Notion de personne physique et personne morale**

P0 CMB — cerfa N° 11676*05

DÉCLARATION DE CRÉATION D'UNE ENTREPRISE

PERSONNE PHYSIQUE

Imprimer | Réinitialiser

RÉSERVÉ AU CFE MGUIDBEFKT
Déclaration n°
reçue le
transmise le

1 Avez-vous déjà exercé une activité non salariée ☐ oui ☐ non Si oui, rappelez votre numéro unique d'identification

POUR FACILITER VOTRE DÉCLARATION, REPORTEZ-VOUS À LA NOTICE
Remplir dans tous les cas les cadres N° 1, 2, 8, 10, 12, 13, 15, 16, 17, 19, 20. Selon votre situation les cadres N° 3, 4, 5, 5bis, 6, 7, 9, 11, 14, 16bis, 18
Pour une exploitation en commun ne pas remplir les cadres 13 et 17. Ces informations sont à déclarer sur le formulaire F de déclaration d'exploitation commun

DÉCLARATION RELATIVE À LA PERSONNE

2 NOM DE NAISSANCE
Nom d'usage
Prénoms Pseudonyme
Nationalité Sexe ☐M ☐F
Né(e) le Dépt. Commune / Pays
☐ Le mineur émancipé est autorisé à être commerçant par décision judiciaire
Domicile : rés, bât, n°, voie, lieu-dit
Code postal Commune / Pays
Forain ☐ Commune de rattachement administratif : Code postal
Nom de la Commune

3 AIDE AUX CHÔMEURS CRÉATEURS OU REPRENEURS D'UNE ENTREPRISE (ACCRE)
☐ Une demande d'ACCRE est déposée avec cette déclaration, dans ce cas, vous devez remplir l'imprimé spécifique

4 CHOIX D'UN STATUT POUR LE CONJOINT MARIÉ OU LE PARTENAIRE LIÉ PAR UN PACS TRAVAILLANT RÉGULIÈREMENT DANS L'ENTREPRISE
☐ Conjoint ou pacsé collaborateur (remplir cadre 14) ☐ Conjoint ou pacsé salarié

5 DÉCLARATION D'INSAISISSABILITÉ DE BIEN(S) FONCIER(S)
☐ Déclaration publiée aux hypothèques ou livre foncier de

5 bis ENTREPRENEUR INDIVIDUEL À RESPONSABILITÉ LIMITÉE (EIRL)
☐ Déclaration initiale d'affectation de patrimoine ou reprise d'un patrimoine affecté : Vous devez remplir l'intercalaire PEIRL CMB

6 ☐ CONTRAT D'APPUI Date de fin de contrat
Remplir l'intercalaire P0' cadre 5

7 ☐ AUTRE(S) ÉTABLISSEMENT(S) SITUÉ(S) DANS UN ÉTAT DE L'UNION EUROPÉENNE
Indiquer cet ou ces établissement(s) sur l'intercalaire P0'

DÉCLARATION RELATIVE À L'ÉTABLISSEMENT ET À L'ACTIVITÉ

8 ADRESSE DE L'ENTREPRISE *Remplir cadre 9* { ☐ Établissement où vous exercez votre activité ☐ Dans une entreprise de domiciliation } ☐ Votre domicile personnel *passer au cadre 10*

8 bis ☐ Ambulant ressortissant de l'U.E *préciser code postal et commune du marché principal*

9 ADRESSE DE L'ETABLISSEMENT rés, bât, app, étage, N°, voie, lieu-dit

12 ORIGINE DU FONDS ☐ Création, *passer directement au cadre 13* ☐ Achat, Partage, Licitation

M0

DÉCLARATION DE CRÉATION D'UNE SOCIÉTÉ OU AUTRE PERSONNE MORALE

Imprimer | Réinitialiser — cerfa N° 13959*03

SAS, SA, SNC, SELAFA, SELAS, Commandite et société commerciale étrangère

ATTENTION pour la constitution d'une SARL, SELARL, société civile, société ayant une activité principale agricole, GIE/GEIE, prendre un imprimé M0 spécifique ou GO

Pour faciliter votre déclaration, reportez-vous à la notice

RÉSERVÉ AU CFE MGUIDBEFKT
Déclaration n°
Reçue le
Transmise le

1 ☐ CONSTITUTION D'UNE SOCIÉTÉ COMMERCIALE ☐ LA SOCIÉTÉ EST CONSTITUÉE SANS EXERCER L'ACTIVITÉ
☐ SOCIÉTÉ COMMERCIALE ÉTRANGÈRE : ☐ OUVERTURE DU PREMIER ÉTABLISSEMENT EN FRANCE ☐ ACTIVITÉ AMBULANTE D'UNE SOCIÉTÉ DE L'ESPACE ÉCONOMIQUE EUROPÉEN (EEE)
☐ CONSTITUTION D'UNE PERSONNE MORALE DONT L'IMMATRICULATION EST PRÉVUE PAR UN TEXTE

DÉCLARATION RELATIVE À LA SOCIÉTÉ

2 DÉNOMINATION
Sigle
Forme juridique
☐ SAS constituée d'un associé unique, l'associé unique en est le président ☐ oui
Durée de la personne morale
Capital, *montant, unité monétaire :* Si capital variable, *minimum*
Date de clôture de l'exercice social Le cas échéant, du 1er exercice :

3 PRINCIPALE(S) ACTIVITÉ(S) parmi celles énumérées dans l'objet social :

4 ☐ La société résulte d'une fusion / scission : indiquer les personnes morales qui ont participé à l'opération sur l'intercalaire M0'.

5 ☐ AUTRE(S) ÉTABLISSEMENT(S) SITUÉ(S) DANS UN ÉTAT MEMBRE DE L'UNION EUROPÉENNE OU DE L'ESPACE ÉCONOMIQUE EUROPÉEN : Indiquer ces établissements sur l'intercalaire M0'.

6 ADRESSE DU SIÈGE
Rés., bât., app., étage, n°, voie, lieu-dit
Code postal Commune
Préciser si le siège est fixé :
☐ Au domicile du gérant dans le cadre de la domiciliation provisoire
☐ Dans une entreprise de domiciliation : N° unique d'identification
Nom du domiciliataire

7 SOCIÉTÉS COMMERCIALES ÉTRANGÈRES
Registre public du siège à l'étranger :
Lieu et pays
N° d'immatriculation
Adresse de l'établissement en France : *Rés., bât., app., étage, n°, voie, lieu-dit*
Code postal Commune
Marché principal où s'exerce l'activité ambulante (société de l'EEE) :
Code postal Commune

DÉCLARATION RELATIVE À L'ÉTABLISSEMENT ET À L'ACTIVITÉ

DÉCLARATION RELATIVE AU REPRÉSENTANT LÉGAL ET AUTRES PERSONNES ASSURANT LE CONTRÔLE, Y COMPRIS LES ASSOCIÉS INDÉFINIMENT ET SOLIDAIREMENT RESPONSABLES ET PERSONNES AYANT LE POUVOIR D'ENGAGER LA SOCIÉTÉ
Pour les personnes morales soumises à l'obligation de désigner un représentant, compléter la rubrique spécifique de l'imprimé M0'
Pour les personnes relevant du régime des travailleurs non salariés, compléter par le volet social TNS(SNC, société en commandite...)

13 QUALITÉ
Nom de naissance / dénomination
Nom d'usage Prénom
Né(e) le à Nationalité
Domicile / Siège
Code postal Commune
Pour une personne morale forme juridique
Lieu et N° d'immatriculation

16 QUALITÉ
Nom de naissance / dénomination
Nom d'usage Prénom
Né(e) le à Nationalité
Domicile / Siège
Code postal Commune
Pour une personne morale forme juridique
Lieu et N° d'immatriculation

14 QUALITÉ
Nom de naissance / dénomination
Nom d'usage Prénom
Né(e) le à Nationalité
Domicile / Siège
Code postal Commune
Pour une personne morale forme juridique
Lieu et N° d'immatriculation

17 QUALITÉ
Nom de naissance / dénomination
Nom d'usage Prénom
Né(e) le à Nationalité
Domicile / Siège
Code postal Commune
Pour une personne morale forme juridique
Lieu et N° d'immatriculation

11 Identifiez les deux types de déclaration de création d'entreprise commerciale.

....

....

12 Repérez comment est identifié une personne physique.

....

Activités

13 Repérez comment est identifiée la personne morale

....

14 Expliquez ce que représentent les lignes 13, 14, 15…

....

15 Analysez, en synthèse, de quoi est constituée une personne morale.

....

....

Le choix de la forme juridique de l'entreprise intervient au moment de l'immatriculation au registre du commerce.

DOCUMENT 8 **Les différentes formes juridiques**

Forme juridique	Nombre d'associés	Montant du capital minimum	Dirigeants	Responsabilité des associés
L'entreprise appartient à une personne				
Entreprise individuelle	L'entrepreneur individuel seul.	Pas de notion de capital, l'entreprise et l'entrepreneur ne formant juridiquement qu'une seule et même personne.	L'entrepreneur est seul maître à bord.	Totale et indéfinie sur l'ensemble de ses biens propres.
E.U.R.L (entreprise unipersonnelle à responsabilité limitée)	1 seul associé, personne morale ou physique.	Capital librement fixé.	1 gérant, au choix : l'associé unique ou un tiers.	Limitée au montant des apports
L'entreprise appartient à plusieurs personnes				
S.A.R.L (société à responsabilité limitée)	Entre 2 et 100 associés, personnes physiques ou morales.	Capital librement fixé.	1 gérant, au choix : l'associé unique lui-même ou un tiers.	Limitée au montant des apports.
SA (société anonyme)	Minimum 7 associés, pas de maximum.	37 000 € minimum.	– Forme classique : Conseil d'administration entre 3 et 24 membres actionnaires dont 1 président. – Forme nouvelle : conseil de surveillance et directoire avec un président.	Limitée au montant des apports.

D'après © CCI Cherbourg 2010

16 Expliquez la signification de la responsabilité indéfinie sur l'ensemble des biens.

....

....

....

17 Expliquez la signification de la responsabilité des associés au montant des apports.

....

18 Conseillez un statut à M. Bernard qui souhaite créer seul son restaurant et à M. Lejoncour, futur gérant d'une société de restauration.

....

....

....

Fiche de synthèse

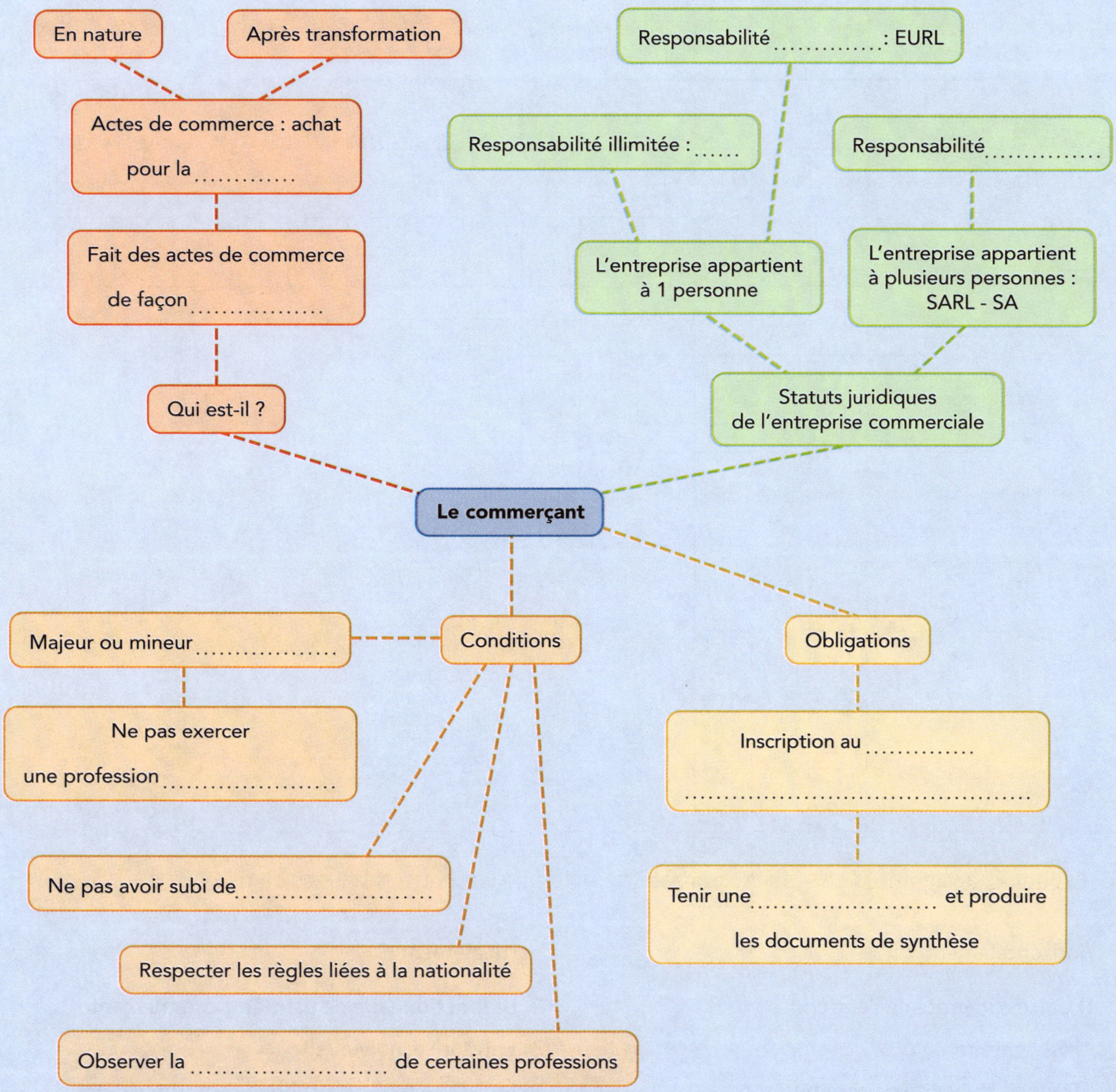

Entraînez-vous

Complétez la grille ci-dessous

Horizontalement

1) Carte d'identité de l'entreprise
4) Obligatoire
6) Donne la qualité de commerçant
8) Compte annuel
10) Entre deux et 100 associés

Verticalement

2) Le fonctionnaire ne peut être commerçant
3) Entreprise individuelle
5) Est abrité par la chambre de commerce et d'industrie
7) Responsabilité limitée au patrimoine affecté à l'activité professionnelle
9) L'entreprise y est immatriculée

5 La convention collective et le contrat de travail

ENVIRONNEMENT JURIDIQUE

OBJECTIFS

- ☐ Le rôle de la convention collective à partir d'étude d'extraits (suite au Chapitre 6).
- ☐ Le rôle du contrat de travail et les principaux éléments du contrat.
- ☐ Les différences entre CDD et CDI ; les mentions obligatoires du contrat de travail.
- ☐ L'analyse des documents de fin de contrat : certificat de travail et solde de tout compte.

CARTE D'IDENTITÉ DE L'ENTREPRISE

Le restaurant LE MOULIN DE MON ENFANCE
24 route de la Lavande
84160 Lourmarin

Contact :
Lemoulindemonenfance@yahoo.com

Vocabulaire

CDD : Contrat à Durée Déterminée.
CDI : Contrat à Durée Indéterminée.
Précarité : un état précaire est un état qui n'offre aucune garantie dans la durée. Le contrat précaire peut être remis en cause.
Lien de subordination : lien qui relie deux personnes, dont l'une est sous l'autorité de l'autre.
Notifier : faire connaître quelque chose à quelqu'un par écrit.

→ Activité préparatoire

Jean-Michel, le responsable de ce restaurant situé au cœur du Luberon, vous accueille pour la période des vacances d'été en juillet et août en CDD. C'est votre premier contrat de travail. Soucieux de son rôle, Jean-Michel souhaite vous faire découvrir l'importance de ce contrat avant de vous le faire signer.

Activités

I. Le droit du travail et la convention collective

DOCUMENT 1 **La Loi**

L'adage « nul n'est censé ignorer la loi » est difficilement applicable vu le nombre et la complexité des textes. Les sources du droit sont les bases de référence sur lesquelles est établie la règle de droit de la société. Le Code du travail représente l'ensemble des textes de loi concernant le droit du travail.

1 Définissez la loi au sens large.

....

2 Exposez le but de la loi.

....

....

....

....

DOCUMENT 2 **Le droit conventionnel ou négocié**

Le droit français reconnaît aux différents secteurs de l'économie (l'industrie automobile, l'industrie chimique, l'hôtellerie-restauration, etc.) d'aménager le droit du travail. Ce droit résulte d'un accord conclu entre les partenaires économiques et sociaux. Il doit être plus avantageux que la loi mais pas moins. Il doit respecter le Code du travail qui lui-même doit respecter la loi.

3 Répondez par oui ou par non aux questions de Jean-Michel.

	OUI	NON
« Pour un mariage, la loi donne 2 jours de congés payés et la convention collective 3 jours. Un de mes salariés va se marier, puis-je lui donner uniquement 2 jours de congés payés ? »		
« Les accords d'entreprise doivent-elles respecter le Code du travail et la loi ? »		
« La convention collective peut-elle être moins avantageuse que la loi ? »		

DOCUMENT 3 **Le sommaire de la convention collective de l'hôtellerie-restauration**

Convention N° 3292 des HCR 30 avril 1997

- **Le préambule**.
- **Titre Ier** : Les dispositions de la convention.
- **Titre II** : Liberté d'opinion et liberté syndicale.
- **Titre III** : Égalité professionnelle.
- **Titre IV** : Contrat de travail.
- **Titre V** : Apprentissage et formation.
- **Titre VI** : Durée et aménagement du temps de travail.
- **Titre VII** : Congés et suspension du contrat de travail.
- **Titre VIII** : Rupture du contrat de travail.
- **Titre IX** : Salaires et classifications.
- **Titre X** : Prévoyance.

www.legifrance.gouv.fr

4 Indiquez le titre à consulter pour organiser les vacances du personnel du Moulin de mon enfance.

....

II. Le contrat de travail

DOCUMENT 4 **Définition du contrat**

Le contrat est une convention par laquelle une ou plusieurs personnes s'obligent envers une ou plusieurs autres personnes, à **donner**, à **faire** ou à **ne pas faire quelque chose**. Un contrat est donc un acte juridique, résultant d'un accord de volonté entre les parties, qui génère des obligations.

5 Donnez des exemples correspondants à « donner quelque chose » dans le monde de l'entreprise.

....

6 Donnez des exemples correspondant à « faire quelque chose ».

....

7 Donnez des exemples de « ne pas faire quelque chose ».

....

....

....

DOCUMENT 5 **Le contrat de travail**

C'est une convention par laquelle une personne, le salarié, s'engage à mettre son travail à la disposition d'une autre, l'employeur, sous la subordination de laquelle elle se place, moyennant une rémunération. Le **lien de subordination** est caractérisé par l'exécution d'un travail sous l'autorité d'un employeur qui a le pouvoir de donner des ordres, d'en contrôler l'exécution et de sanctionner son subordonné.
Un travail à temps partiel ou pour une durée déterminée (CDD) implique la rédaction d'un contrat écrit. Pour une embauche pour une durée indéterminée (CDI), l'écrit est seulement conseillé.

8 Exposez les obligations découlant du contrat de travail pour les deux parties : entre Jean-Michel, représentant Le Moulin de mon enfance, et vous.

....

....

....

....

....

DOCUMENT 6 Le Contrat à Durée Indéterminée et le Contrat de Durée Déterminée

Le CDI est le contrat de travail de droit commun, il constitue la base de la relation de travail.
Pour rompre un CDI, le salarié doit démissionner ou l'employeur le licencier.
Le CDD ne peut être conclu que pour une période et une mission précise. Il est obligatoirement écrit puisqu'il indique la date de prise de fonction et la date de fin de mission. En principe, un CDD est d'au plus 18 mois, renouvellement compris.
Il donne droit à une prime de précarité de 10 % de la rémunération totale.
Les CDD ne sont autorisés que pour les cas suivants : remplacement d'un salarié absent, maladie, maternité, accroissement temporaire de l'activité, emploi saisonnier, contrat vendanges.

9 Répondez par oui ou par non aux affirmations de Jean-Michel.

	OUI	NON
Je peux embaucher en CDD pour une durée de 3 ans.		
Je peux embaucher en CDD pour un emploi permanent.		
Je peux remplacer un congé de maternité par un CDD.		
Je dois payer une prime de précarité pour une embauche en CDD		
Pour un CDI, le contrat écrit n'est pas obligatoire.		

10 Indiquez le rôle de la prime de précarité de 10 %.

....

....

DOCUMENT 7 Les clauses particulières du contrat de travail

Les clauses de polyvalence : Le salarié peut effectuer d'autres tâches, le serveur pourra passer en cuisine et inversement pour les besoins du service sans que le salarié puisse s'y opposer.
Les clauses de mobilité géographique : Elles permettent à l'employeur de muter géographiquement le salarié sans avoir besoin de lui demander son accord sauf si la Convention collective s'y oppose.

11 Exposez les conséquences des clauses particulières.

....

....

....

DOCUMENT 8 Les principaux contrats existants autres que le CDI

CDD Saisonniers/CCD Extra
L'État met régulièrement en place des contrats afin d'aider les jeunes en recherche d'emploi, les jeunes sans diplôme, les personnes au chômage de très longue durée et les seniors.

12 Recherchez les définitions des contrats cités dans le document 8.

....

....

....

....

....

DOCUMENT 9 **La visite médicale**

Avant l'expiration de sa période d'essai, le salarié est soumis à une visite médicale obligatoire. Suite à une absence pour maladie de plus de 21 jours, un arrêt de travail de plus de 8 jours ou un congé de maternité, une visite médicale de reprise est obligatoire.

URSSAF

13 Indiquez le but de la visite médicale d'embauche et de la visite médicale de reprise.

....

....

DOCUMENT 10 **La période d'essai**

La période d'essai permet à l'employeur d'évaluer les compétences du salarié et au salarié d'apprécier les fonctions occupées. Elle est renouvelable une fois si le contrat de travail et la convention collective le prévoit. Le contrat peut être rompu sans motifs et sans indemnités, sauf celles de congés payés si la période d'essai a duré au moins 10 jours. L'auteur de la rupture doit observer un délai de prévenance de 48 h en moyenne.

Durée de la période d'essai – période initiale maximale – Loi du 26 juin 2008 :

Ouvriers : 2 mois   Cadres : 4 mois   Agents de maîtrise : 3 mois

14 Citez les avantages et les inconvénients de la période d'essai pour les deux parties.

– Les avantages : ....

....

....

– Les inconvénients : ....

....

DOCUMENT 11 **Le règlement intérieur**

Il s'impose aux salariés, à l'employeur, ainsi qu'aux personnes extérieures qui y exécutent un travail (les intérimaires). Le règlement intérieur doit respecter la loi, le Code du travail et la Convention collective.

Domaines exclusifs du règlement intérieur :

L'hygiène et la sécurité, les conditions de travail et les règles générales de fonctionnement : discipline, échelle des sanctions, tenues vestimentaires, respect des codes de l'entreprise.

15 Indiquez si les éléments du tableau ci-dessous font partie du domaine du règlement intérieur.

	OUI	NON
Respect des règles d'hygiène		
Mise en place d'une conciergerie		
Appartenance à un syndicat		
Port d'une tenue adaptée		
Interdiction des relations entre membres du personnel		
Mise en place du planning de travail		
Horaire et sanction en cas de non-respect		

III. La rupture du contrat de travail

DOCUMENT 12 La démission et son déroulement

Une démission peut être verbale ou écrite, elle permet au salarié de rompre un CDI de sa propre initiative. Le salarié peut rompre un CDD à condition de justifier d'une embauche en CDI. Le salarié peut toujours faire appel à l'Inspection du travail pour connaître ses droits.
Le salarié doit simplement respecter un préavis plus ou moins long en fonction de son ancienneté et de son poste dans l'entreprise ; en moyenne un mois.

Remise de la lettre de démission.

→

Respect du préavis.

→

Remise du chèque au salarié.
+ Documents de fin de contrat

16 Indiquez dans les cas suivants s'il s'agit ou non d'une démission et pourquoi.

• Mourad est absent depuis 5 jours sans autorisation.

....

....

• Caroline refuse les nouvelles conditions de travail imposées par la direction.

....

....

DOCUMENT 13 Le licenciement pour motif personnel

Ce type de licenciement est lié à la personne : comportement, absences répétées ou longues, fautes, abus de confiance, insuffisance professionnelle... On distingue la faute légère, sérieuse, grave et lourde. L'employeur prend l'initiative de la rupture qui doit être réelle et sérieuse.

17 Définissez « une cause réelle et sérieuse ».

Réelle : ....

Sérieuse : ....

....

18 Complétez le tableau en indiquant si la cause est réelle et sérieuse et justifiez-le.

Cause réelle et sérieuse	Oui	Non	Justification
Jean abandonne son poste.			....
Melissa est sans cesse en retard.			....
Martine dénigre son travail.			....
Paolo rate pour la première fois la pâte.			....

DOCUMENT 14 Le licenciement économique

Individuel ou collectif, il résulte d'une suppression ou d'une transformation d'un emploi suite à des difficultés économiques ou à des mutations technologiques.

19 Jean-Michel vous demande de lui donner des exemples de mutations technologiques.

DOCUMENT 15 Le déroulement du licenciement

Envoi d'une lettre de convocation pour un entretien.

5 jours entre la lettre et l'entretien

Entretien (on peut se faire assister d'un collègue ou d'un représentant syndical)

2 jours entre l'entretien et la lettre

L'employeur envoie sa lettre de notification.

Préavis de licenciement ; en moyenne 1 mois.

Remise du chèque et des documents de fin de contrat.

20 Exposez à Jean-Michel, les raisons des différents délais à respecter dans la procédure de licenciement.

21 Citez le nom de l'organisme que pourrait consulter Jean-Michel et le salarié pour vérifier la validité de la procédure de licenciement.

IV. Les documents remis en fin de contrat

À la rupture du contrat de travail, l'employeur doit remettre au salarié : le certificat de travail, le reçu de solde de tout compte et l'attestation Pôle Emploi.

DOCUMENT 16 Le certificat de travail

Il donne les coordonnées de l'employeur et du salarié, la date d'entrée et de sortie dans l'entreprise, la nature de l'emploi occupé. Daté et signé, il peut contenir des mentions facultatives, à l'exception de clauses susceptibles de porter préjudice au salarié.

DOCUMENT 17 Le reçu pour solde de tout compte

Il fait l'inventaire des sommes versées et dues au salarié. Le salarié dispose de 6 mois pour le dénoncer. Au-delà, il peut contester des sommes qui n'y figureraient pas sans limitation de date.

DOCUMENT 18 L'attestation Pôle Emploi

L'employeur doit délivrer au salarié une attestation Pôle emploi.

pôle emploi

22 Précisez le rôle de chaque document présenté dans les documents 16, 17 et 18.

- Le certificat de travail ....
- Le solde de tout compte ....
- L'attestation Pôle Emploi ....

Fiche de synthèse

Le droit du travail et la convention collective

Les conventions collectives et accords d'entreprises peuvent être plus .... que la loi mais pas moins. Ils doivent respecter .... qui lui-même doit respecter la loi.

Le contrat de travail

Il se caractérise par un .... qui place le salarié sous .... du chef d'entreprise. Le contrat de travail de référence est le contrat ....

Les contrats saisonniers, d'extra, de mission, sont assimilés à des contrats ....

La clause de .... permet des mutations géographiques, celle de .... permet de faire travailler le salarié à des postes différents.

La rupture du contrat de travail

La démission est à l'initiative .... qui ne perçoit pas ....

Le licenciement :

- Il est à l'initiative de ....
- Ce dernier convoque le salarié pour ....
- Il lui notifie son licenciement.
- Le salarié doit effectuer ....

Le licenciement PERSONNEL

- Il résulte d'une faute : légère, ..., grave ou ....
- Il résulte .... répétées ou longues.
- Il résulte .... professionnelle.
- La cause doit être ....

Le licenciement ÉCONOMIQUE

- Il résulte d'une .... ou d'une .... de poste.
- Il résulte de ....

Les documents de fin de contrat

L'employeur doit remettre dans tous les cas au salarié :

– ....

– Le reçu pour solde de tout compte

– ....

– Le dernier bulletin de salaire et le chèque.

Entraînez-vous

Cochez la bonne réponse (plusieurs réponses ou aucune réponse possible)

1 Le contrat de travail :

- ☐ Il crée un lien de subordination de l'employé vis-à-vis de l'employeur.
- ☐ Il est à durée indéterminée si la date de fin de contrat n'est pas connue.
- ☐ Il est à durée déterminée si la date de fin de contrat est connue.

2 Une clause de mobilité géographique permet au patron de :

- ☐ Changer son salarié de poste, entre par exemple la cuisine et la salle.
- ☐ De muter son salarié sur un autre site en France ou à l'étranger.
- ☐ De lui faire assumer d'autres tâches en valence inverse.

3 Le règlement intérieur :

- ☐ C'est un document obligatoire dans toutes les entreprises.
- ☐ Seuls les salariés doivent le respecter.
- ☐ Le chef d'entreprise est totalement libre de la rédaction du règlement intérieur.

4 La démission :

- ☐ Elle donne droit aux allocations chômage.
- ☐ Elle est à l'initiative de l'employeur.
- ☐ Elle permet au salarié d'être libre de partir quand il le souhaite.

5 La procédure de licenciement :

- ☐ Le chef d'entreprise doit convoquer le salarié à un entretien préalable.
- ☐ La cause du licenciement doit être réelle et sérieuse.
- ☐ Le chef d'entreprise est totalement libre de la procédure de licenciement.

6 Les documents de fin de contrat :

- ☐ Le chef d'entreprise doit remettre le certificat de travail.
- ☐ On ne peut pas contester le solde de tout compte.
- ☐ L'attestation Pôle Emploi n'est pas obligatoire.

6 La durée du travail

ENVIRONNEMENT JURIDIQUE

OBJECTIFS

- ☐ La durée du travail, le repos hebdomadaire, le repos compensateur, les congés payés.

CARTE D'IDENTITÉ DE L'ENTREPRISE

MaReception.com

Traiteur depuis 1957
Nous mettons notre savoir faire
pour organiser votre réception.
Vos désirs sont des ordres,
chez nous, tout est possible !

Vocabulaire

Repos compensateur : en échange d'un temps de travail, on reçoit un temps de repos.
Jours consécutifs : jours qui se suivent (ex. : lundi et mardi ou vendredi et samedi).

→ Activité préparatoire

Vous effectuez votre stage de première année chez MaReception.com.

Andy, responsable des ressources humaines vous aide à décrypter le temps de travail dans l'entreprise et à comprendre le principe du congé hebdomadaire et des congés payés.

I. Le temps de travail

Andy, a embauché Sarah en service et David en cuisine le 1er novembre. À l'approche de la période estivale, ces derniers se posent des questions à propos de leurs vacances. Avec Andy vous découvrez le traitement du temps de travail dans l'entreprise ainsi que des périodes de repos.

DOCUMENT 1 **La durée du travail**

TITRE II de la convention collective

Article 3 : « En vertu des dispositions de l'article L 212-5 du Code du Travail, la durée hebdomadaire de travail est fixée à 39 heures. [...] On peut retenir une durée inférieure. » La durée légale est toujours de 35 heures.

Article 6 : La durée maximale journalière est de 11 h pour les cuisiniers, 11 h 30 pour les serveurs et 12 h pour le personnel de la réception.
La durée maximale hebdomadaire sur une période de 12 semaines est de 46 h et la durée maximale hebdomadaire absolue est de 48 heures.
Le repos quotidien est de 11 h consécutives, sauf dérogation pour les saisonniers : 10 h.

Article 7 : Le temps d'habillage et de déshabillage ne fait pas partie du temps de travail. Il fait l'objet d'une contrepartie en temps de repos ou financière.
Le temps de travail est sous le contrôle du chef d'entreprise et de l'Inspecteur du travail.

1 Déterminez pour Sarah et David leur durée maximale journalière de travail.

Sarah : ....

David : ....

Andy est alerté par le cas de 2 salariés, Nicolas et Michel, qui pensent que leur temps de travail n'a pas été respecté sur les 12 semaines passées. Il vous demande de contrôler et de lui rédiger un rapport au plus vite, afin de sanctionner les responsables.

2 Calculez la durée de travail hebdomadaire moyenne sur la période de 12 semaines.

Nicolas :

Semaines	1	2	3	4	5	6	7	8	9	10	11	12
Heures travaillées	39	39	40	42	39	46	39	45	48	35	39	39

....

....

Michel :

Semaines	1	2	3	4	5	6	7	8	9	10	11	12
Heures travaillées	39	39	40	45	48	40	39	45	39	48	39	30

....

....

3 Rédigez ci-dessous vos observations pour le Responsable des Ressources humaines.

....

....

....

....

DOCUMENT 2 **Les jours fériés**

Titre III de la convention collective

Article 11 : « Tous les salariés comptant 1 an d'ancienneté [...] bénéficient en plus du 1er mai de 8 jours fériés par an. »
Si le jour férié tombe sur un jour de repos, le salarié bénéficie d'une journée de repos compensatrice.

4 Recherchez sur Internet la liste des jours fériés. Sarah et David ont commencé leur travail le 1er novembre, ont-ils droit à une compensation ?

....

....

....

....

DOCUMENT 3 **Le travail de nuit**

Titre IV de la convention collective
Le Code du travail définit le travail de nuit ainsi : « Tout travail entre 22 h et 7 h est considéré comme travail de nuit ». La durée maximale est la même que pour le travail de jour, mais sur une période de 12 semaines, la durée maximale est de 44 heures au lieu de 46 pour les postes de jour. Pour les postes de nuit, le salarié bénéficie toutes les 6 heures de 20 minutes de pause assimilées à du temps de travail effectif. Pour les postes réguliers de nuit, il a droit à 2 jours de repos supplémentaires par an.

5 Le chef de salle a demandé à Sarah de travailler la nuit du 14 au 15 juin pour assurer un service entre de 23 h à 7 h. À partir du Document 3, vous pouvez exposer à Sarah les modalités du poste de nuit.

....

....

....

....

DOCUMENT 4 **Les congés hebdomadaires**

Le repos hebdomadaire
Les salariés ont droit à 2 jours consécutifs ou non de repos par semaine.

6 Indiquez les différentes possibilités pour placer les 2 jours de congés hebdomadaires.

DOCUMENT 5 **Les congés payés**

Les congés payés
Pour l'ensemble des salariés : 1 mois de travail = 2,5 jours de congés payés. La convention collective des HCR donne en plus 0,5 jour par mois de travail.

7 Calculez le nombre de jour de congés payés pour un salarié qui a travaillé 12 mois.

DOCUMENT 6 **La période de référence des congés payés**

Le décompte des congés payés se détermine à partir du 1er juin de l'année en cours jusqu'au 31 mai de l'année suivante.
Pour une embauche le 1er septembre N (septembre-octobre-novembre-décembre-janvier-février-mars-avril-mai sont travaillés) on aura 9 mois de travail, soit : $2,5 \times 9 = 22,5$ jours de congés et $0,5 \times 9 = 4,5$ jours de congés conventionnels.

8 Calculez les droits de David et Sarah embauchés le 1er novembre de l'année en cours (vous pouvez vous aider du calendrier N que vous trouverez p. 48).

DOCUMENT 7 La prise des congés

La période légale de prise de congés est entre le 1er mai et le 31 octobre. Il existe cependant des dérogations pour l'hôtellerie-restauration !
Le salarié ne peut prendre que 24 jours de congés consécutifs (4 semaines), on peut fractionner la période avec un minimum de 12 jours ouvrables consécutifs. Le fractionnement donne droit à des jours supplémentaires. Les jours de congés sont calculés sur la base des jours ouvrables, du lundi au samedi inclus.
Les mères de moins de 21 ans, bénéficient de 2 jours supplémentaires par enfant.

9 Exposez les raisons des dérogations à la période légale de prise de congés pour votre secteur d'activité.

....

....

DOCUMENT 8 La rémunération des congés payés

On applique, soit la règle du 1/10 de la rémunération brute perçue pendant la période de référence, soit le maintien du salaire. Le salarié n'a pas le droit de travailler pendant ses congés payés, ni pour son employeur ni pour un autre !

10 Quel sera le montant perçu par Sarah pendant ses congés payés si son salaire net mensuel est de 1 300,00 €.

....

Fiche de synthèse

- La durée du travail hebdomadaire en Hôtellerie-Restauration est de .... avec un maximum de ....
- Sur 12 semaines on ne doit pas dépasser une durée moyenne de ....
- Au niveau des jours de repos, les salariés ont droit à .... par semaine.
- Les congés payés se calculent à raison de .... jours de repos par .... effectués durant la période de référence ....
- La convention collective des HCR donne en plus .... de congés par mois de travail.

Entraînez-vous

Calculez le nombre de congés payés pour les salariés suivants

Salariés : date d'embauche	Calculs	Nombre de jours
Mohamed : le 1er avril	....	....
Claire : le 1er août	....	....
Pascaline : le 1er juin	....	....
Lee : le 1er mai	....	....

J	F	M	A	M	J	J	A	S	O	N	D	J	F	M	A	M	J
1	1	1	1	1	1	1	1	1	1	1	1	1	1	1	1	1	1
2	2	2	2	2	2	2	2	2	2	2	2	2	2	2	2	2	2
3	3	3	3	3	3	3	3	3	3	3	3	3	3	3	3	3	3
4	4	4	4	4	4	4	4	4	4	4	4	4	4	4	4	4	4
5	5	5	5	5	5	5	5	5	5	5	5	5	5	5	5	5	5
6	6	6	6	6	6	6	6	6	6	6	6	6	6	6	6	6	6
7	7	7	7	7	7	7	7	7	7	7	7	7	7	7	7	7	7
8	8	8	8	8	8	8	8	8	8	8	8	8	8	8	8	8	8
9	9	9	9	9	9	9	9	9	9	9	9	9	9	9	9	9	9
10	10	10	10	10	10	10	10	10	10	10	10	10	10	10	10	10	10
11	11	11	11	11	11	11	11	11	11	11	11	11	11	11	11	11	11
12	12	12	12	12	12	12	12	12	12	12	12	12	12	12	12	12	12
13	13	13	13	13	13	13	13	13	13	13	13	13	13	13	13	13	13
14	14	14	14	14	14	14	14	14	14	14	14	14	14	14	14	14	14
15	15	15	15	15	15	15	15	15	15	15	15	15	15	15	15	15	15
16	16	16	16	16	16	16	16	16	16	16	16	16	16	16	16	16	16
17	17	17	17	17	17	17	17	17	17	17	17	17	17	17	17	17	17
18	18	18	18	18	18	18	18	18	18	18	18	18	18	18	18	18	18
19	19	19	19	19	19	19	19	19	19	19	19	19	19	19	19	19	19
20	20	20	20	20	20	20	20	20	20	20	20	20	20	20	20	20	20
21	21	21	21	21	21	21	21	21	21	21	21	21	21	21	21	21	21
22	22	22	22	22	22	22	22	22	22	22	22	22	22	22	22	22	22
23	23	23	23	23	23	23	23	23	23	23	23	23	23	23	23	23	23
24	24	24	24	24	24	24	24	24	24	24	24	24	24	24	24	24	24
25	25	25	25	25	25	25	25	25	25	25	25	25	25	25	25	25	25
26	26	26	26	26	26	26	26	26	26	26	26	26	26	26	26	26	26
27	27	27	27	27	27	27	27	27	27	27	27	27	27	27	27	27	27
28	28	28	28	28	28	28	28	28	28	28	28	28	28	28	28	28	28
29	29	29	29	29	29	29	29	29	29	29	29	29		29	29	29	29
30		30	30	30	30	30	30	30	30	30	30	30		30	30	30	30
31		31		31		31	31		31		31	31		31		31	

7 La rémunération

ENVIRONNEMENT JURIDIQUE

OBJECTIFS

- ☐ Le calcul des heures normales, complémentaires et supplémentaires.
- ☐ Le bulletin de paye.

CARTE D'IDENTITÉ DE L'ENTREPRISE

MaReception.com

Traiteur depuis 1957
Nous mettons notre savoir faire à votre service pour organiser votre réception.
Vos désirs sont des ordres, chez nous, tout est possible !

Vocabulaire

Avantage en nature : les avantages en nature sont des biens, des services ou des produits fournis aux salariés de l'entreprise, gratuitement ou moyennant une participation très faible du salarié.
Indemnité compensatrice : si l'employeur ne peut fournir les repas, il doit verser une compensation financière au salarié.
Cotisations : sommes que l'on doit verser pour financer la sécurité sociale, le chômage et les retraites.
Salaire imposable : salaire soumis à l'impôt sur le revenu.

→ Activité préparatoire

Très satisfait de votre travail et de votre motivation à comprendre le droit du travail et le temps de travail dans l'entreprise, Andy vous invite à participer à l'établissement de la fiche de paye de Sarah.

Activités

I. La rémunération

DOCUMENT 1 **La grille des salaires**

AVENANT du 27 juin 2012, applicable au 1er juillet 2012 à la convention collective N° 3292
Décret 2012-828 du 28 juin 2012, JO du 29.

Article 2 La rémunération

Attention, le taux horaire exprimé dans le tableau ci-dessous, est le montant BRUT. Il faudra retirer le montant des cotisations sociales (Sécurité sociale, chômage et retraite) pour trouver le montant NET perçu par le salarié.

	Niveau I	Niveau II	Niveau III	Niveau IV	Niveau V
Échelon 1	9,40x	9,59	10,06	10,64	12,58
Échelon 2	9,40x	9,72	10,15	10,82	14,66
Échelon 3	9,46	10,00	10,37	—	17,93

Article 14 la classification

À chaque poste et en fonction du diplôme, de l'ancienneté, correspond un niveau et à l'intérieur de ce niveau des échelons. (Cf. la convention collective des HCR.)

1 Déterminez le salaire horaire de Sarah embauchée à l'échelon 1 niveau 3.

....

DOCUMENT 2 **Les heures supplémentaires**

De la 36e la 39e heure : majoration de 10 % ou repos compensateur à 110 %, soit 1 heure et 6 minutes.
De la 40e à la 43e heure : majoration de 20 % ou repos à 120 %, soit 1 heure et 12 minutes.
À partir de la 44e heure : majoration de 50 % ou repos à 150 %, soit 1 heure et 30 minutes.

Le principe de calcul des heures supplémentaires :

10 % de 1 heure : (.................. × 10)/100 = ...

> 1 heure à 10 % : = ...

20 % de 1 heure : (.................. × 20)/100 = ...

1 heure à 20 % = 10,06 + 2,012 = 12,072 = 12,07 €

1 heure 120 % : (.................. × 120)100 = 12,072 = 12,07 €

2 Calculez le montant des 5 heures supplémentaires effectuées par Sarah pour le mois de novembre.

1 heure = 10,06 €	Majoration	Calcul	TARIF	Nb d'heures	TOTAL
De 40 à 43	20 %	....	....	....	....
Au-delà de 44	50 %	....	....	....	....

DOCUMENT 3 **Les avantages en nature**

L'hôtellerie-restauration est tenue de nourrir son personnel en fonction des horaires de travail et du repas pris en décalage. Cette prestation fournie par le restaurateur constitue un avantage en nature, le salarié a droit à 44 repas dans le mois (22 jours ouvrables).
L'avantage est évalué à 3,49 € depuis le 1er juillet 2012 pour 1 repas, il est soumis à cotisations et, à ce titre, il fait partie du salaire BRUT du salarié.
Réellement consommé par le salarié, il conviendra de le retirer du salaire à payer. Le résultat de l'opération « + » 3,49 € en salaire brut et « – » 3,49 € : le solde est nul pour le salarié. Le repas est payé par l'employeur.
Les salariés, ayant une raison valable (médicale, religieuse) de ne pas consommer de repas au sein de l'entreprise, touchent une indemnité compensatrice de repas du même montant.

3 Calculez les montants des avantages en nature (ou indemnités compensatrices) touchés par Sarah, sachant qu'elle a droit à 48 repas pour le mois de novembre, mais que pour des raisons médicales elle n'a pas pris 4 repas.

....

....

....

4 Déterminez le salaire brut de Sarah

Le salaire minimum interprofessionnel de croissance (SMIC) se calcule sur la base de 35 heures auxquelles on rajoute 4 heures supplémentaires par semaine majorées à 110 %.

L'UMIH préconise de conserver un bulletin de salaire à 39 h.

(39 heures × 52 semaines)/12 mois = 169 heures de travail en moyenne par mois.

Les 4 heures complémentaires de 35 heures à 39 heures sont évaluées mensuellement :

(4 × 52)/12 = 17,33 heures complémentaires mensuelles.

Salaire de base 169 h × 10,06 €	....
Heures complémentaires 110 % 17,33 h × 11,07 €	....
Heures supplémentaires 120 % 4 h × 12,07 €	....
Heures supplémentaires 150 % 1 h × 15,09 €	....
Avantages en nature 44 × 3,49 €	....
Indemnités compensatrices 4 × 3,49 €	....
SALAIRE BRUT	....

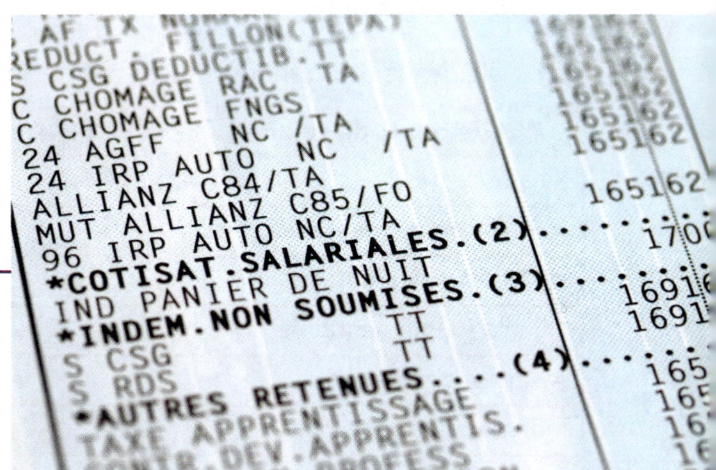

II. LES COTISATIONS

DOCUMENT 4 **Les cotisations sociales**

Les salariés cotisent à trois caisses principales : la Sécurité sociale, le chômage et la retraite, on parle des cotisations salariales. L'employeur participe également au paiement des cotisations que l'on nomme patronales.

Notion de plafond de la Sécurité sociale

Au 1er janvier de chaque année, l'État fixe le plafond pour le calcul des cotisations de Sécurité sociale. Pour 2012 le plafond est de 3 031 €. Jusqu'à cette somme, le salarié cotise à un certain taux, au-delà de ce plafond, salaire de 4 000 € par exemple, il cotise à un taux jusqu'à 3 031 €, et entre 3 031 € et 4 000 € (soit 969 €) à un taux supérieur.

La CSG et le CRDS

La Contribution Sociale Généralisée et la Contribution pour le Remboursement de la Dette Sociale sont des cotisations particulières. Pour le calcul de ces cotisations, on applique une décote de 1,75 % au salaire brut.

Calculs pour un brut de 1 800 €

Salaire 1 800 € × 1,75 % = 31,50 1 800 – 31,50 = 1 768,50 € de base CSG et CRDS.

Salaire 1 800 € × 98,25 % = 1 768,50 € de base CSG et CRDS.

Une partie de la CSG et le CRDS ne sont pas déductibles : il faudra les intégrer dans le calcul du net imposable.

Cotisation de Sécurité sociale, de retraite et de chômage

On applique au salaire brut un pourcentage pour déterminer le montant des cotisations. Le pourcentage global applicable au salaire brut est d'environ 23 % toutes cotisations confondues pour la part salariale et de 46 % pour la part patronale, hors réductions de cotisations.

Vous pouvez télécharger l'intégralité des taux cotisations sur le site : http://rfpaye.grouperf.com/chiffres

5 Complétez le tableau à l'aide des taux de cotisations téléchargés : part salariale.

	%	Calcul	Montant
SALAIRE 2 122,87 €		BASE	
CSG non déductible	....	....	....
CSG déductible	....	....	....
CRDS	....	....	....
SALAIRE 2 122,87 €		BASE	
MALADIE	....	....	....
VIEILLESSE	....	....	....
CHÔMAGE	....	....	....
RETRAITE COMPLÉMENTAIRE	....	....	....
AGFF	....	....	....
PRÉVOYANCE	....	....	....
MUTUELLE			16,00
		TOTAL DES COTISATIONS	....

III. Le salaire net

6 Calculez le montant du salaire net de Sarah : Salaire BRUT – cotisations salariales.

Éléments du salaire	Montant	Éléments du salaire	Montant
Salaire de base	....	COTISATIONS SALARIALES	
Heures complémentaires	....	CSG non déductible	....
Heures supplémentaires	....	CSG déductible	....
Heures supplémentaires	....	CRDS	....
Avantages en nature	....	Maladie	....
Indemnités compensatrices	....	Vieillesse	....
TOTAL BRUT	....	Chômage	....
		Retraite complémentaire	....
		AGFF	....
		Prévoyance	....
		MUTUELLE obligatoire depuis 1/01/2011	....
		TOTAL DES COTISATIONS	....
		SALAIRE NET	....

7 Calculez maintenant le salaire à payer à Sarah.

Elle a consommé 44 repas. En plus des repas consommés, l'employeur ne va pas lui payer 153,56 € d'avantages en nature : il faut donc les retirer. En revanche, les repas non consommés sont dus au salarié.

SALAIRE BRUT	....
TOTAL DES COTISATIONS	....
SALAIRE NET	....
Avantage en nature	....
SALAIRE NET A PAYER	....

À ce salaire, l'employeur peut ajouter diverses primes, comme le nettoyage des vêtements ou une prime de transport. En région Île de France, elle représente 50 % du Pass Navigo.

IV. Le net imposable

Chaque personne qui perçoit un revenu doit le déclarer à l'administration fiscale et payer des impôts.

8 Déterminez le montant net imposable que devra déclarer Sarah à l'administration fiscale.

Une partie de la CSG et du CRDS doit être réintégrée dans le calcul du net imposable. Chaque contribuable paye ses impôts sur la base de ses revenus.

SALAIRE NET	....
CSG non déductible à ajouter	....
CRDS à ajouter	....
NET IMPOSABLE À DÉCLARER	....

V. La réglementation

DOCUMENT 5 Les mentions obligatoires du bulletin de paye

Le bulletin de salaire doit être conservé sans limite de durée. Il sert de preuve auprès des organismes de retraites, du travail, du salaire et des cotisations payées par le salarié.
L'entête du bulletin doit reprendre les coordonnées du salarié : nom, prénom, adresse, numéro de Sécurité sociale, situation familiale et poste : niveau et échelon.
Les coordonnés de l'employeur sont clairement identifiées ainsi que le N° URSSAF, Code NAF, N°SIRET, et les références de la convention collective applicable.
Il indique la période concernée, les congés pris et les congés restant à prendre.
Sous la mention SALAIRE NET A PAYER, l'employeur indique le moyen de paiement ainsi que sa date.

9 Exposez à Sarah et David pourquoi ils devront conserver les bulletins de salaires sans limite de durée.

....

....

VI. La rémunération au service

En restauration, les serveurs sont rémunérés soit au fixe soit au service.

• **Au fixe** : l'employeur leur verse un salaire fixe tout au long de l'année, cette rémunération est pratiquée dans les établissements de luxe.

• **Au service** : le taux du service est indiqué sur la carte au même titre que le taux de TVA. Le service est un pourcentage appliqué sur le prix de la prestation commandée par le client.

Le client de la table 12 commande un menu à 35 € : service 15 %.

35 € × 15 % = 5,25 € de service. Mélissa, la serveuse, touchera 5,25 € de salaire.

Ainsi, chaque serveur reçoit sa rémunération en fonction du montant de sa recette.

10 Calculez les différents montants de rémunération dans le tableau ci-dessous.

Montant de la commande	Taux de service	Calcul	Rémunération du serveur
50,50 €	15 %	....	....
12,45 €	13 %	....	....
6,50 €	11 %	....	....

VII. La rémunération aux points

Le montant du service est globalisé. Chaque serveur reçoit un nombre de points en fonction de son statut et de son ancienneté. À la fin du mois, l'employeur totalise le montant du service à repartir entre ses serveurs et les rémunère en fonction de leur nombre de points.

Le montant du service à repartir est de 5 162,14 € pour le mois de juin.

Christelle : 18 points   Caroline : 18 points   Gérard : 15 points   Élise : 23 points

11 Calculez le montant de service pour chaque personne.

• **Méthode N° 1**
Total des points : 18 + 18 + 15 + 23 = 74 points
Christelle = 5 162,14 × 18/74 = 1 255,66 €

Caroline = 5 162,14 × 18/74 = ...

Gérard = 5 162,14 × 15/74 = ...

Élise = 5 162,14 × 23/74 = ...

Total du service : ....

• **Méthode N° 2**
Valeur du point : 5 162,14/74 = 69,75865 €
Christelle : 69,75865 × 18 = 1 255,6557 = 1 255,66 €

Caroline : 69,75865 × 18 = ...

Gérard : 69,75865 × 15 = ...

Elise : 69,75865 × 23 = ...

On ne peut pas arrondir le service d'Elise car le montant total du service à distribuer serait faux, sauf si l'employeur fait cadeau à Elise de 0,01 €.

Total du service : ....

Fiche de synthèse

- Le salaire brut se compose ……………………………………, des heures supplémentaires, des avantages en nature et des indemnités compensatrices.
- À ce salaire brut on …………………… des cotisations salariales pour financer les assurances …………………… …………………………………… et on obtient …………………………….
- À ce dernier on retire ……………………………………………… pour obtenir …………………………….
- Net imposable = salaire net ……… CSG et CRDS …………………………………….

Entraînez-vous

Malika, cuisinière vient de recevoir son bulletin de paye et il vous pose quelques questions à son sujet.

2012	Base	Charges sociales		Charges patronales	
NON CADRE	EUROS	Taux	Montant	Taux	Montant
Salaire de base	**1 700,14**				
Heures complémentaires 110 %	**191,84**				
Heures supplémentaires 120 %	**48,28**				
Heures supplémentaires 150 %	**15,09**				
Avantage en nature nourriture	**153,56**				
Indemnités compensatrice	**13,96**				
BRUT	**2 122,87**				
Sécurité sociale					
CSG	2 085,72	2,40	50,06		
CRDS	2 085,72	0,50	10,43		
CSG Déductible 98,25 % du salaire	2 085,72	5,10	106,37		
SS maladie Total	2 122,87	0,75	15,92	12,80	271,72
SS veuvage Total	2 122,87	0,10	2,12		
Contribution pour l'autonomie Total	2 122,87			0,30	6,37
SS vieillesse déplafonnée Total	2 122,87			1,60	33,96
SS vieillesse plafonnée TA	2 122,87	6,75	143,29	8,30	176,19
SS allocations familiales Total	2 122,87			5,40	114,63
SS accident du travail variable Total	2 122,87			2,30	48,82
SS FNAL pour tous TA	2 122,87			0,10	2,12
SS FNAL + 9 salariés Total	2 122,87			0,40	8,49
Transport Total	2 122,87			2,50	53,07
Chômage					
Chômage de 0 à 12 124	2 122,87	2,40	50,95	4,00	84,91
FNGS = AGS de 0 à 12 124	2 122,87			0,35	7,43
Retraite complémentaire					
ARRCO de 0 à 3 031	2 122,87	3,75	79,61	4,50	95,53
AGFF de 0 à 3 031	2 122,87	0,80	16,98	1,20	25,47
ARRCO de 3 031 à 9 093	–	8,00	–	12,00	–
AGFF de 3 031 à 9 093	–	0,90	–	1,30	–
Prévoyance					

Entraînez-vous

2012	Base	Charges sociales		Charges patronales	
Mutuelle obligatoire 32€ 50 – 50			16,00		16,00
Prévoyance complémentaire obligatoire	2 122,87	0,40	8,49		
Taxes et participation					
Taxe d'apprentissage	2 122,87			0,50	10,61
Formation	2 122,87			0,15	3,18
Participation construction + 20 salariés		0,45			
TOTAL DES CHARGES			500,21		958,53
SALAIRE BRUT	2 122,87				
COTISATIONS	500,21				
SALAIRE NET	**1 622,66**				
CSG Non déductible	50,06				
CRDS Non déductible	10,43				
NET IMPOSABLE	**1 683,15**				
SALAIRE NET	1 622,66				
À DÉDUIRE					
Avantage nature nourriture	**153,56**				
À AJOUTER					
Indemnité				**COÛT TOTAL**	
Transport		50 %	–		2 812,23
NET À PAYER	**1 469,10**				

1 Quelle est la différence entre des avantages en nature et des indemnités compensatrices ?

....

....

....

....

2 Pourquoi retire-t-on les avantages en nature en bas du salaire ?

....

....

....

3 Comment se calcule la base CSG et CRDS ?

....

....

4 Comment calcule-t-on le salaire net imposable ?

....

5 Retrouvez le coût total du poste de Malika pour l'établissement.

....

8 La commande

ENVIRONNEMENT COMMERCIAL

OBJECTIFS

- ☐ Le rôle du bon de commande.
- ☐ La rédaction du bon de commande.

CARTE D'IDENTITÉ DE L'ENTREPRISE

RESTAURANT La Bresse au Cœur de Paris
145 rue de Charonne
75020 Paris
TEL : 01 45 85 23 14

Contact : labresseaucoeurdeparis@orange.fr

Vocabulaire

Contrat : c'est une convention par laquelle une ou plusieurs autres personnes s'engagent envers une ou plusieurs autres, à faire, à donner ou à ne pas faire quelque chose.
Prix Unitaire : prix d'un seul produit.
Valeur : le prix d'un objet
Prix Net Commercial : prix – le rabais, la remise ou la ristourne.
Prix Net Financier : net commercial – l'escompte.

→ Activité préparatoire

Le chef des travaux de votre lycée hôtelier vous a placé(e) en stage dans le restaurant **La Bresse au Cœur de Paris**.
Léonard, le chef en cuisine a besoin de matières premières pour assurer le service du lendemain. Dans les réfrigérateurs il lui manque 5 poulets de Bresse AOC et 20 cailles.
Il faut passer une commande au fournisseur.
Léonard souhaite vous confier cette tâche, car il vous fait confiance. Comme c'est la première fois que vous allez faire ce travail, il vous remet un dossier pour vous aider dans votre apprentissage.
Nous sommes le mardi 10 septembre, il est 14 heures et vous devez lui remettre ce dossier dans une heure.

I. Premier travail : passer une commande

a) La réglementation

DOCUMENT 1 **Le bon de commande**

L'acte de commande est un acte important, la personne qui passe une commande doit remplir un **bon de commande** et le signer.
Le bon de commande est un contrat, c'est-à-dire que l'acheteur s'engage à payer et à recevoir la marchandise qu'il a commandée. Le vendeur, quand il accepte la commande, doit livrer la marchandise à son acheteur ou client à une date précise.

Pour passer une commande on peut utiliser plusieurs outils

Le Téléphone

Internet

Le courrier postal

1 Le chef doit passer sa commande ; à quoi s'engage-t-il ?

....

b) Le fournisseur

L'entreprise a déjà établi sa liste des fournisseurs par catégorie de produits.

DOCUMENT 2 **Le carnet d'adresse du restaurant**

Les Fruits du Sud 78 rue des Marouettes 75012 Paris

Charcuterie de la Bresse 1 rue de Flandre 75020 Paris

Poissonnerie Marius 20 boulevard d'Italie 75013 Paris

Le Bon Pain 25 rue de Lille 75014 Paris

Traiteur Chez Fréderic 45 rue des Rendez-vous 75012 Paris

2 À quel fournisseur va-t-on passer la commande de volailles ?

....

3 Indiquez son siège social.

....

c) Les conditions de vente

À chaque fournisseur sélectionné correspond une fiche avec les conditions de vente.

DOCUMENT 3 **La fiche de la Charcuterie de la Bresse**

Charcuterie de La Bresse
1 rue de Flandre 75020 Paris
TEL 01 45 96 32 11
delabresse@yahoo.fr

Extrait des tarifs

Poulet de Bresse AOC	25 € pièce
Poulet de Bresse	18 € pièce
Dinde	12 € pièce
Caille AOC	8 € pièce
Canard AOC	28 € pièce

Conditions de vente
Livraison sur Paris dans les 3 heures
Commande > à 60 € : gratuit
Paiement par chèque à réception de la facture

4 Quel est le prix unitaire du poulet de Bresse AOC ?

Le prix unitaire dee poulet de Bresse AOC et 25€ pièce

5 Quel est le prix unitaire de la caille AOC ?

Le prix unitaire de la caille AOC et 8 € pièce

Pour calculer le coût total on multiplie les quantités par le prix unitaire : 20 cailles × 8 € = 160€ pièce.

6 Complétez le tableau ci-dessous afin de déterminer le montant à payer.

Matière	Quantité	Prix unitaire	Calcul	Total
Poulet de Bresse AOC				
Caille AOC				
			TOTAL	
			Frais de transport	
			TOTAL À PAYER	

7 Indiquez le mode et la date de règlement.

8 Quelle condition doit remplir La Bresse au cœur de Paris pour ne pas payer la livraison ?

Très satisfait de votre travail, Léonard vous demande de téléphoner au volailler afin de recevoir la marchandise à 16 h.

9 À quelle heure devez vous, au plus tard, contacter le fournisseur ?

II. Deuxième travail : passer une commande complexe

Très satisfait de votre premier travail, Léonard vous transmet une nouvelle commande à saisir. Cette fois, le restaurant a besoin de pain et de petits fours pour le service du lendemain.

a) Les commandes avec réductions

10 Indiquez la raison sociale et le siège social du boulanger à contacter.

....

DOCUMENT 4 **La demande d'achat de Léonard**

COMMANDE À PASSER – URGENT

55 baguettes Bio
10 pains de seigle
10 pains aux noix
90 petits pains ronds
15 pains de mie
4,5 kg petits fours sucrés
900 g petits fours salés

Merci, Léonard

DOCUMENT 5 **La fiche de la boulangerie**

LE BON PAIN 25 rue de Lille 75014 Paris

Baguette	0,40 €	Petits pain rond	0,25 €
Baguette Bio	0,70 €	Pain de mie	1,90 €
Pain de seigle	0,95 €	Chouquettes	9,50 € le kg
Pain raisins	1,00 €	Fours sucrés	15,50 € le kg
Pain aux noix	1,05 €	Fours salés	13,40 € le kg

Remise de 2 % sur les pains Livraison : forfait de 5 €
Remise de 5 % sur les petits fours sucrés et 3 % sur le salé. Chèque à réception de la facture.

11 Les conditions de vente de la boulangerie font apparaître un élément nouveau. Lequel ?

....

DOCUMENT 6 **Petit dictionnaire des réductions**

Rabais : réduction pour un défaut de qualité.
Remise : réduction pour un achat en grosse quantité.
Ristourne : réduction sur le montant total des achats sur un trimestre ou une année.
Escompte : réduction pour un paiement anticipé.

12 Pour quelle raison la boulangerie nous accorde-t-elle une remise ?

....

b) Le calcul du prix net

Le pain aux raisins est à 1,00 € : c'est le prix brut unitaire sans réduction.
Le boulanger accorde 2 % de remise. Léonard va payer 2 % en moins le pain aux raisins.

Calcul : (1,00 × 2)/100 = ... de réduction ; prix unitaire du pain après la remise = 1,00 – ...... = ...

13 Déterminez, dans le tableau ci-dessous, le montant de la remise.

Produits	PU Brut	Remise	Justification de calcul	Montant de la remise
Baguette Bio	0,70 €	2 %	0,70x2 : 100	0,014
Pain de seigle	0,95 €	2 %	0,95x2 : 100	0,019
Pain aux noix	1,05 €	2 %	1,05 x2 : 100	0,021
Pain rond	0,25 €	2 %	0,25 x2 : 100	0,01
Pain de mie	1,90 €	2 %	1,90x2 : 100	0,038
Fours sucrés	15,50 €	5 %	15,50x5 : 100	0,775
Fours salés	13,40 €	3 %	13,40x3 : 100	~~0,268~~ 0,402

14 Déterminez le prix unitaire net des produits.

Produits	PU Brut	Montant de la remise	Justification de calcul	PU Net
Baguette Bio	0,70 €	0,01	0,70 – 0,01 = 0,69	0,69
Pain de seigle	0,95 €	....	....	....
Pain aux noix	1,05 €	....	....	1,03
Pain rond	0,25 €	....	....	....
Pain de mie	1,90 €	....	....	....
Fours sucrés	15,50 €	....	....	....
Fours salés	13,40 €	....	....	13,00

15 Déterminez le montant total des pains à commander.

Produits	Quantité	PU Net	Justification de calcul	Total
Baguette Bio	55	0,69	55×0.69	37,95 €
Pain de seigle	10	....	....	....
Pain aux noix	10	....	....	10,30 €
Pain rond	90	....	....	....
Pain de mie	15	....	....	....
			TOTAL DES PAINS	107,05 €

16 Présentez le calcul du montant total à payer pour le pain.

....

c) Le calcul du prix au kilogramme

Si 1 kg de chouquettes coûte 9,50 € le kg, 1 g coûte .... fois moins, puisqu'il y a .... dans 1 kilogramme.

Donc : 9,50/1 000 = ... le gramme.

Pour 600 grammes de chouquettes, Léonard devra payer : ....

Le calcul peut se vérifier dans le sens inverse : 600 g = 0,6 kg, donc :

....

17 Que devrait payer Léonard s'il commandait 250 grammes de chouquettes ?

....

18 Déterminez le montant à payer pour les petits fours salés et sucrés.

Produits	Quantité	PU Net	Justification de calcul	Total
Fours sucrés	4,5 kg	14,72 €	....	....
Fours salés	900 g	13,00 €	....	....
			TOTAL petits fours	77,94 €

19 Calculez le montant total à payer par Léonard pour cette commande à la boulangerie.

TOTAL DES PAINS	....
TOTAL petits fours	....
LIVRAISON	....
TOTAL	....

20 Que devra faire Léonard à la réception de la marchandise ?

....

d) Troisième travail : le bon de commande

Le chef vous remet le double de la commande qu'il a passée le 2 septembre à la boulangerie.

LA BRESSE AU CŒUR DE PARIS
145 rue de Charonne
RCS Paris A 234 567 923 – 75020 Paris – TEL : 01 45 85 23 14

Au Bon Pain
25 rue de Lille
75014 Paris

Conditions de vente
Remise : 2 % sur le pain, 5 % fours sucrés et 3 % fours salés
Mode de règlement : par chèque
Date de règlement : à réception de la facture
Frais de transport : forfait 5,00 €

COMMANDE N° 450 Le 2 septembre N

Désignation	Unité	Quantité	Prix unitaire
Baguette bio	1	25	0,70 €
Petit pain rond	1	190	0,25 €
Petits fours sucrés	kg	6,5	15,50 €
Petits fours salés	kg	500 g	13,40 €
Signature *La Bresse au Cœur de Paris*			

21 Que constatez-vous ?

....

22 À votre tour, rédigez le bon de commande N° 462 pour la commande du 10 septembre.

LA BRESSE AU CŒUR DE PARIS
145 rue de Charonne
RCS Paris A 234 567 923 – 75020 Paris – TEL : 01 45 85 23 14

Au Bon Pain
25 rue de Lille
75014 Paris

Conditions de vente
Remise : 2 % sur le pain, 5 % fours sucrés et 3 % fours salés
Mode de règlement : par chèque
Date de règlement : à réception de la facture
Frais de transport : forfait 5,00 €

COMMANDE N° 462 Le 10 septembre N

Désignation	Unité	Quantité	Prix unitaire
Baguette bio	....	....	....
Pain de seigle	....	....	....
Pain aux noix	....	....	....
Petit pain rond	....	....	....
Pain de mie	....	....	....
Petits fours sucrés	....	....	....
Petits fours salés	....	....	....
Signature			

Le restaurant envoie l'original à son fournisseur et garde le double afin de contrôler la livraison le moment venu.

Fiche de synthèse

Pour calculer le coût total d'un produit : on .... les quantités par ....

12 kg × 3,50 € = ...

Pour calculer un prix net :

1. Calcul de la réduction : on multiplie le .... par le .... de réduction

50,00 € × 5 % = (50,00 × 5)/100 = ...

2. On calcule le prix net : on .... le montant de la réduction au .... brut.

50,00 € – 2,50 € = ...

Le prix au kg : Dans 1 kg il y a .... grammes.

Si 1 kg de beurre = 12,00 €, 1 gramme coûte = 12,00 €/1 000 g = ...

450 grammes de beurre = 450 g × .... € = ... €

Le total de la commande :

On .... les prix nets des différents produits 47,50 € + 5,40 € = ...

On .... les frais de livraison 52,90 € + 5,00 € = ...

On .... les frais d'emballage 57,90 € + 2,00 € = ...

Le Bon de commande est ...., le client doit .... ou apposer le cachet de l'entreprise.

Entraînez-vous

Repérez les 7 erreurs qui se sont glissées dans les 10 vignettes : et donnez la bonne réponse

Remise 1,75 % PU brut 24 € PU NET = 23,58 €	Le double de la commande est envoyé au fournisseur
Vrai Faux	Vrai Faux
235 grammes = 0,0235 kilogrammes	0,600 g × 4,50 € = 3,70 €
Vrai Faux	Vrai Faux
PU brut 50 € Remise 2,35 % Montant de la remise = 1,15 €	1 kg = 12,50 € 1 gramme = 0,0125 €
Vrai Faux	Vrai Faux
2 kg = 25 € 500 g = 6,25 €	15,75 + 12,99 + 15,00 + 3,75 + 25,87 = 73,63 €
Vrai Faux	Vrai Faux
La remise est une réduction pour défaut de la marchandise.	Tous les calculs doivent être présentés dans le bon de commande.
Vrai Faux	Vrai Faux

9 La livraison

ENVIRONNEMENT COMMERCIAL

OBJECTIFS

- ☐ **Le rôle du bon de livraison et le contrôle à partir du bon de commande.**
- ☐ **Repérage des erreurs et inscription sur le bon de livraison.**
- ☐ **À partir du bon de commande, contrôler la livraison et analyser les erreurs.**

Vocabulaire

Franco de port : le prix du transport est compris dans le prix du produit.

Lettre RAR : Lettre en Recommandée Accusée de Réception.

Carte d'identité de l'entreprise

AU BON PAIN
25 rue de Lille
75014 Paris
TEL 01 23 65 78 96

→ Activité préparatoire

Léonard le chef du restaurant **La Bresse au Cœur de Paris** vous propose de passer une journée à la boulangerie Le Bon Pain afin de découvrir leur fournisseur de pain et de suivre la commande que vous avez passée.

Vous aviez rendez-vous ce matin, mercredi 11 septembre, à 5 h avec Olivier, le responsable de la Boulangerie « Le Bon Pain ».

Après avoir travaillé à la réalisation des différents pains et à la confection des petits fours, il vous fait participer à la livraison pour un retour vers 17 h au restaurant où vous attend Léonard pour le service du soir !

Activités

I. La réception du bon de commande

Olivier reçoit la commande du restaurant et commence avec votre aide la réalisation des pains et des petits fours.

DOCUMENT 1 **Le bon de commande**

LA BRESSE AU CŒUR DE PARIS
145 rue de Charonne
RCS Paris A 234 567 923 75020 Paris TEL: 01 45 85 23 14

Au Bon Pain
25 rue de Lille
75014 Paris

Conditions de vente
Remise : 2 % sur le pain, 5 % fours sucré et 3 % fours salés
Mode de règlement : par chèque
Date de règlement : à réception de la facture
Frais de transport : forfait 5,00€

COMMANDE N°462

Le 10 septembre N

Désignation	Unité	Quantité	Prix unitaire
Baguette bio	1	55	0,70 €
Pain de seigle	1	10	0,95 €
Pain aux noix	1	10	1,05 €
Petits pains ronds	1	90	0,25 €
Pain de mie	1	15	1,90 €
Petits fours sucrés	Kg	4,5 kg	15,50 €
Petits fours salés	kg	900 g	13,40 €
Signature *La Bresse au Cœur de Paris*			

1 Quelles sont les obligations du fournisseur qui accepte une commande ?

....

II. La préparation de la livraison

Le travail effectué, vous aidez Olivier à préparer et à emballer la marchandise pour le transport.

2 Pour quelles raisons doit-on emballer la marchandise pour le transport ?

....

....

III. Le bon de livraison

Le bon de livraison est un document qui accompagne la marchandise.
Il fait l'inventaire de la marchandise qui va être livrée au client.
Olivier vous charge de compléter le bon de livraison qui va accompagner la marchandise commandée par le restaurant, sachant que la totalité de la commande a été réalisée.

3 Complétez le bon de livraison.

DOCUMENT 2 **Le bon de livraison**

LE BON PAIN
25 rue de Lille
75014 Paris

Restaurant **La Bresse au cœur de Paris**
145 rue de Charonne
75020 Paris

Bon de commande N° 462 du 10 septembre N
Bon de livraison N° 45936 du 11 septembre N

Désignation	Quantité
Baguette bio	....
Pain de seigle	....
Pain aux noix	....
Petits pains ronds	....
Pain de mie	....
Petits fours sucrés	....
Petits fours salés	....

OBSERVATIONS DU RESTAURANT DATE ET SIGNATURE

III. La réception des marchandises

Il est 16 h, vous effectuez le chargement des pains et des petits fours dans la camionnette. À l'heure prévue, vous êtes de retour au restaurant pour accomplir les formalités de livraison.

DOCUMENT 3 **Le Code du commerce**

LE CONTRÔLE DE LA LIVRAISON
Le client a l'obligation de vérifier les quantités et l'état de la marchandise en présence du livreur.

Léonard compte les pains, il manque 5 petits pains ronds et 1 pain de mie n'est pas présentable. Il refuse cette marchandise et vous demande d'inscrire son refus et ses observations sur le bon de livraison

4 Complétez le bon de livraison.

DOCUMENT 2BIS **Le bon de livraison**

EXTRAIT DU BON DE LIVRAISON
OBSERVATIONS DU RESTAURANT : DATE ET SIGNATURE

....

....

Léonard remet l'original du bon de livraison à Olivier et garde le double pour des vérifications ultérieures, notamment lors de la réception de la facture du Bon Pain.
Olivier doit prendre en compte les observations de son client. Si le fournisseur ne réagit pas, le client dispose de 3 jours pour lui faire part de ses observations et réclamations par lettre recommandée accusée de réception.
Léonard fort satisfait de votre travail vous accorde votre soirée et vous laisse rentrer pour vous reposer.

Fiche de synthèse

- Le client a l'obligation de vérifier .... et .... en présence du ....
- Le fournisseur remet .... du bon de livraison à son client et garde ....
- Le fournisseur doit prendre en compte .... de son client. Ce dernier dispose de trois jours pour lui faire part de ses observations et réclamations par ....

Entraînez-vous

Exercice n° 1

Le restaurant « LES FLOTS BLEUS » a passé la commande N° 520 le 25 avril N pour 12 bouteilles de Champagne, 1 bouteille de Crème de cassis et 1 bouteille de Crème de framboise.
Le 28 avril, il reçoit la livraison et le bon de livraison N° 321. La bouteille de Crème de cassis est cassée.

Établissements LA VIGNE
12 rue des Ceps
21000 Dijon

RESTAURANT LES FLOTS BLEUS
21 rue de la plage
14510 Cabourg
BON DE LIVRAISON N°369. Le 28 avril N

12 bouteilles de Champagne
1 Crème de cassis
1 Crème de framboise
Pour un prix total de 600,00 €
1 caisse de 12 Champagne, 1 boîte en bois pour les crèmes
Votre commande 520 du 25 avril N Signature

Observations
....
....
....

1. Complétez le bon de livraison.
2. Quelles démarches devrez-vous entreprendre auprès du fournisseur pour obtenir réparation ?

....
....

Exercice n° 2

Le Café des Amis a passé la commande N° 451 à son limonadier habituel.
Il vous charge de la réception de la livraison et de son contrôle.

Bon de Commande N° 451 du 2 juin N

Livraison le 14 janvier N
12 Vichy
12 Vittel
12 Coca Cola
20 Orangina
1 sirop de grenadine
1 sirop de citron vert

Bon de Livraison N° 9 du 16 juin N

12 Pepsi Cola
12 Vichy
1 sirop de citron vert
12 Vittel
25 Orangina
1 sirop de grenadine

Observation du client : ....
....
....
Signature ....

10 La facture fournisseur et son règlement

ENVIRONNEMENT COMMERCIAL

OBJECTIFS

- ☐ **Analyse d'une facture courante.**
- ☐ **Vérification des conditions d'achat et des calculs.**
  Le règlement.

Carte d'identité de l'entreprise

RESTAURANT La Bresse au Cœur de Paris
145 rue de Charonne
75020 Paris
TEL : 01 45 85 23 14
Contact : labresseaucoeurdeparis@orange.fr

Extrait de sa carte

Poulet à la Parisienne
Poulet aux pointes d'asperges
Colombo de poulet aux citrons verts
Escalope de poulet à la normande

Toutes nos volailles sont de Bresse AOC

Vocabulaire

HT : prix de la marchandise Hors Taxes, c'est-à-dire sans les taxes.
TVA : Taxe sur la Valeur Ajoutée ; la TVA est un impôt indirect. Cette taxe est payée par le consommateur final.
TTC : prix de la marchandise Toutes Taxes Comprises, c'est-à-dire avec les taxes.
TVA déductible : TVA payée par le restaurateur sur les produits qu'il achète pour les clients. L'État lui rembourse cette TVA.
TVA collectée : TVA reçue des clients qui consomment dans le restaurant. Le restaurateur reverse cette TVA à l'État.
TVA à décaisser : c'est la différence entre la TVA collectée et la TVA déductible.
Crédit de TVA : c'est la différence entre la TVA déductible et la TVA collectée.

→ Activité préparatoire

Avant la fin de votre stage dans son restaurant **La Bresse au Cœur de Paris**, Léonard vous propose de terminer le cycle des approvisionnements et de vérifier en sa compagnie les factures qu'il reçoit de ses différents fournisseurs.

Activités

I. La réception de la facture et son contrôle

DOCUMENT 1 **La facture**

La facture est un document obligatoire entre les commerçants qui doivent la conserver 10 ans.
Elle détaille les marchandises commandées et livrées ou les services effectués, en quantité et en valeur.

1 Vérifiez la facture reçue par Léonard à l'aide de l'extrait du bon de livraison (annexe 1) et recensez les erreurs dans l'annexe 2.

LE BON PAIN
25 rue de Lille
75014 Paris

Bon de commande N° 462 du 10 septembre N
Bon de livraison N° 45936 du 11 septembre N

Restaurant **La Bresse au cœur de Paris**
145 rue de Charonne 75020 Paris

Facture N° 85214 du 15 septembre
Paiement à réception par chèque.

Produits	PU Brut	Montant de la remise	PU Net	Quantité	Total
Baguette Bio	0,70 €	0,01	0,69	55	37,95 €
Pain de seigle	0,95 €	0,02	0,93	10	9,30 €
Pain aux noix	1,05 €	0,02	1,03	10	10,30 €
Pain rond	0,25 €	0,01	0,24	90	21,60 €
Pain de mie	1,90 €	0,04	1,86	15	27,90 €
Fours sucrés	15,50 €	14,72	14,72	4,5 kg	66,24 €
Fours salés	13,40 €	13,00	13,00	900 g	11,70 €
				TOTAL HT	184,99 €
				TVA 7 %	12,95 €
				TOTAL TTC	197,94 €
				Livraison	5,00 €
				TTC À PAYER	202,94 €

ANNEXE 1 **Extrait du Bon de Livraison**

EXTRAIT DU BON DE LIVRAISON

OBSERVATIONS DU RESTAURANT : DATE ET SIGNATURE
Nous refusons 1 pain de mie non présentable.
Il manque 5 petits pains ronds. Le 11 septembre N **« La Bresse au cœur de Paris »**

ANNEXE 2 **Les erreurs de facturation**

....

....

2 Exposez à Léonard ce qu'il doit faire.

....

3 À votre avis, que doit faire Olivier ?

....

4 Léonard vous demande de calculer le montant exact qu'il devra payer à la boulangerie.

Produits	PU Brut	Montant de la remise	PU Net	Quantité	Total
Baguette Bio	0,70 €	0,01	0,69	55	37,95 €
Pain de seigle	0,95 €	0,02	0,93	10	9,30 €
Pain aux noix	1,05 €	0,02	1,03	10	10,30 €
Pain rond	0,25 €	0,01	0,24	....	....
Pain de mie	1,90 €	0,04	1,86	....	....
Fours sucrés	15,50 €	14,72	14,72	4,5 kg	66,24 €
Fours salés	13,40 €	13,00	13,00	900 g	11,70 €
				TOTAL HT	....

5 Quel élément nouveau remarquez-vous sur la facture ?

....

DOCUMENT 2 LA TVA

La Taxe sur la Valeur Ajoutée est un impôt payé par le consommateur final.
Léonard achète des fruits, il paye la TVA à son fournisseur et l'État la lui rembourse.

15,00 € + 1,05 € de TVA

Je paye 16,05 €

Liberté • Égalité • Fraternité
RÉPUBLIQUE FRANÇAISE

Il me rembourse 1,05 €

TVA Déductible 15,00 € × 7 % = (15 × 7)/100 = ...

Le client paye 18,70 € son dessert + 1,30 € de TVA donc il paye 20,00 € à Léonard,

18,70 € × 7 % = (18,70 × 7)/100 = ... €

Liberté • Égalité • Fraternité
RÉPUBLIQUE FRANÇAISE

Dans la caisse du restaurant il y a 1,30 € qui appartiennent à l'État. Léonard va rendre cet argent à l'État, la **TVA Collectée**.

La position du restaurant :

– L'État lui doit .... €

– Il doit à l'État .... € > Il va payer la différence soit .... € = **TVA à Décaisser**.

DOCUMENT 3 Les taux de TVA et le calcul de la TVA

L'hôtellerie restauration supporte deux taux de TVA, 7 % et 19,6 %

7 %

7 %

19,60 %

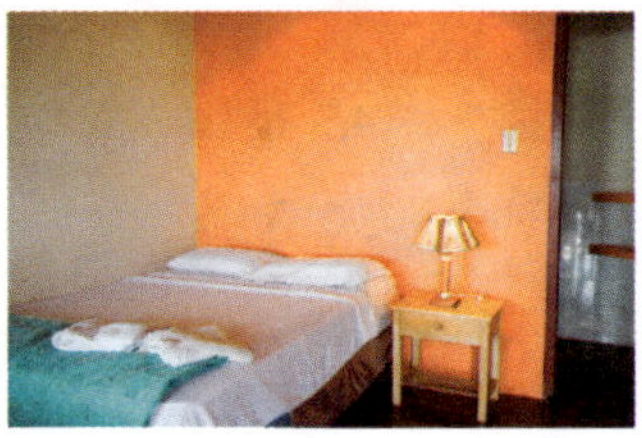
7 %

19,60 %

La Taxe sur la Valeur Ajoutée est un impôt que le consommateur doit payer en plus de son achat.
Le prix sur la carte est un prix TTC : Toutes Taxes Comprises.

HORS TAXE + TVA = TOUTES TAXES COMPRISES

6 Complétez le tableau ci-dessous.

Prix HT	Taux de TVA	Calculs	TVA	TTC
200,00 €	7,00 %	....	....	....
150,00 €	19,60 %	....	....	....

7 Terminez le travail demandé par Léonard au sujet de la facture reçue du Bon Pain.

Produits	PU Brut	Montant de la remise	PU Net	Quantité	Total
Baguette Bio	0,70 €	0,01	0,69	55	37,95 €
Pain de seigle	0,95 €	0,02	0,93	10	9,30 €
Pain aux noix	1,05 €	0,02	1,03	10	10,30 €
Pain rond	0,25 €	0,01	0,24	85	20,40 €
Pain de mie	1,90 €	0,04	1,86	14	26,04 €
Fours sucrés	15,50 €	14,72	14,72	4,5 kg	66,24 €
Fours salés	13,40 €	13,00	13,00	900 g	11,70 €
				TOTAL HT	181,93 €
				TVA 7 %	....
				TOTAL TTC	....
				Livraison	5,00 €
				TTC À PAYER	....

8 Le 17 septembre, la boulangerie a fait parvenir au restaurant une nouvelle facture dont le montant correspond exactement à votre travail. Que devez vous faire à présent ?

....

9 Le comptable du restaurant est agréablement surpris par votre travail, il vous demande de l'aider pour le contrôle des factures qu'il doit payer à la fin du mois.

EDF La Bresse au Cœur de Paris	
Le 15 septembre N	
Location du compteur	45,00 €
Consommation	560,25 €
HT	605,25 €
TVA 7 %	42,37 €
TTC	647,62 €
À payer pour le 30 septembre	

À PAYER : OUI NON

Pourquoi : ....

TÉLÉPHONE La Bresse au Cœur de Paris	
Le 17 septembre N	
Forfait téléphonique	39,99 €
Dépassement	47,83 €
TVA 19.60 %	17,64 €
TTC	107,64 €
À payer pour le 1er octobre	

À PAYER : OUI NON

Pourquoi : ....

....

....

	PLOMBERIE MARTIN 42 rue Louis Braille 75012 Paris	**La Bresse au cœur de Paris** 145 rue de Charonne 75020 Paris
		Le 16 septembre N
Réparation des robinets		
4 Grohe PU 42,00 €		168,00 €
Joints 2 boîtes à 2,45 € la boîte		4,90 €
Déplacement 95 € de l'heure.		
Temps passé : 1 h 30		123,50 €
HT		296,40 €
TVA 7 %		20,75 €
TTC		317,15 €

À PAYER : OUI NON

Pourquoi : ....

....

....

II. Le règlement de la facture au fournisseur

a) Les paiements en espèces

Tout paiement en espèces, doit faire l'objet d'un reçu, ou d'un ticket de caisse.

DOCUMENT 4 **Le reçu**

La souche est gardée par le fournisseur.

Le reçu est remis au client pour preuve du paiement.

REÇU N° 98 50 € Restaurant La Bresse au cœur de Paris	Travaux Photocopie Service .... - € Rue des Orteaux 75012 PARIS
	REÇU DE ....
	SOMME EN EUROS : ....
	DATE : ....
24 09 N	REÇU N° 98

10 Complétez le reçu remis au restaurant en paiement de ses travaux de photocopies.

b) Les paiements par chèques

Le chèque est un écrit par lequel une personne, **le tireur**, titulaire d'un compte ouvert auprès d'un établissement bancaire donne ordre à celui-ci, **le tiré**, par la formule « payez contre ce chèque », de payer une somme déterminée au profit d'une personne : **le bénéficiaire**. Cette somme est disponible immédiatement : **la provision** du chèque.

11 Préparez le chèque du restaurant La Bresse au cœur de Paris à EDF pour un montant de 647,62 € pour le 30 septembre.

DOCUMENT 5 **Le chèque**

BANQUE POPULAIRE

BRED Banque Populaire € ....

Payez contre ce chèque non endossable sauf au profit d'un établissement bancaire ou assimilé :

....

....

À ....

PAYABLE agence n° compte n° À ....

le ....

Tél. 0 800 00 00 00

La Bresse au Cœur de Paris
145 rue de Charonne
75012 Paris

chèque n° 0250171

0250171 000000000400001

Fiche de synthèse

La facture est un document obligatoire entre les commerçants qui doivent la conserver ....

Elle détaille les marchandises commandées et livrées ou les services effectués, ...

et ....

Le client qui reçoit une facture doit .... : les quantités, les conditions de vente et les calculs.

Une fois les vérifications effectuées, il peut établir le .... à l'ordre de son fournisseur pour le paiement.

Il peut payer sa facture en espèces en échange .... attestant ....

La TVA Collectée

Le client, dernier consommateur, paye au restaurateur la prestation et la TVA due à l'État.

Menu 14,00 € HT TVA 7 % Montant de TVA : 14,00 € × 7 % = ... € soit 1 €

TTC = 14,00 € + 1,00 € = ...

La TVA déductible

Le restaurateur paye la TVA sur ses achats, mais l'État va la lui rembourser puisqu'il n'est pas le consommateur ....

Légumes 9,50 € HT TVA 7 % Montant de TVA : 9,50 € × 7 % = ... €

TTC = 9,50 € +0,67 € = ...

La TVA à Décaisser

Le restaurateur doit à l'État : 1,00 €

L'État doit au restaurateur : 0,67 € Le restaurateur doit .... € de TVA.

Le Crédit de TVA

Le restaurateur doit à l'État : 2,00 €

L'État doit au restaurateur : 4,50 € L'État doit .... € de TVA.

Entraînez-vous

Déterminez le montant de la TVA et du TTC

Prix HT	Taux de TVA	Calculs	TVA	TTC
60,50 €	7,00 %	....	....	....
9,63 €	7,00 %	....	....	....
2 546,25 €	19,60 %	....	....	....
78,54 €	19,60 %	....	....	....

Le directeur de Chez Francis vous demande de traiter le dossier des Arts de la Table

1. Vérifiez la facture page suivante.
2. Établissez le chèque à envoyer aux Arts de la Table pour le 26 septembre (à compléter p. 76).

SARL
Capital 250 963 euros
Crédit Agricole 025963 W

LES ARTS DE LA TABLE
15 rue des Lilas en fleur
18230 BOURGES
RCS Orléans B 456 321 897

✈ 02 78 32 15 95
✚ 02 78 32 15 96
✗ artsdelatable@sfr.fr

Chez Francis
25 Place d'Italie
75013 Paris

Conditions de vente
Remise : 5 %
Escompte : 2 %
Mode de règlement : par chèque
Date de règlement : le 26 septembre N..... 25 % à la commande
Livraison : 8 jours
Frais de transport : Gratuit
Bon de commande N° 369 du 12 septembre N
Bon de livraison N° 852 du 20 septembre N
Chèque versé à la commande : 102 €

Facture N° 6435
Le, 22 septembre N...

Référence	Désignation	Unité	Quantité	P.U	Remise	Net	Total
50-89	Plat argent rond 50	1	4	50,00	5	47,50	190,00
70-23	Plat argent ovale 70	1	5	70,00	5	66,50	332,50
GM 45	Plat argent rectangulaire GM	1	2	95,00	5	90,25	180,50
R25	Ravier argent	10	2	65,00	5	61,75	123,50
	TOTAL H.T. Escompte 2 %						826,50 16,53
	Net financier						809,97
	TVA 19,6 %						158,75
	T.T.C.						968,72
	Avance 25 %						102,00
	Emballages Transport Assurance						0,00 0,00 0,00
	NET À PAYER						866,72

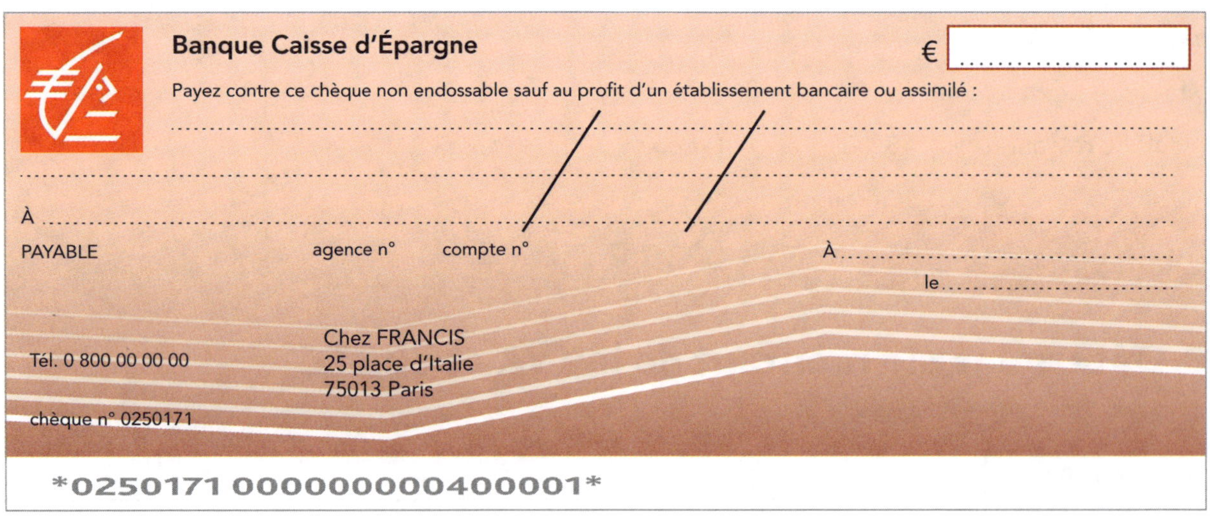

3 Répondez aux questions du Directeur.

Avez-vous trouvé des erreurs ?

....

Que représente l'escompte obtenu par Francis ?

....

Que représente la somme de 102,00 € déduite sur la facture ?

....

11 Les fiches de stocks

ENVIRONNEMENT COMMERCIAL

OBJECTIFS

- ☐ La fiche de stocks en quantité.
- ☐ La valorisation de la fiche de stocks PEPS et CMUP.
- ☐ Établir et effectuer les calculs des fiches de stocks selon les deux méthodes.

CARTE D'IDENTITÉ DE L'ENTREPRISE

Francis Crimet & Thierry Dupré
46, Quai du Romerel
F-80230 Saint-Valéry-sur-Somme
03 22 60 82 36 (fax : 03 22 60 81 82)
Siret : 616 680 039 00016 APE 551A
RCS B 616 680 039
TVA FR 636 166 800 39

Vocabulaire

CMUP : Coût Moyen Unitaire Pondéré.
PEPS : Premier Entré Premier Sorti.
Approvisionner : acheter des marchandises.

→ Activité préparatoire

Le responsable des achats du restaurant est en formation pour trois semaines.
En stage au Relais Guillaume de Normandy, M. Francis Crimet vous charge d'établir les fiches de stock de différents produits. Il est impératif de suivre l'état des stocks au fur et à mesure afin d'éviter la rupture de stock.

I. Les bons d'entrée et les bons de sortie en quantités

Le Chef cuisinier du Relais Guillaume de Normandie reçoit et contrôle la marchandise livrée par les marins-pêcheurs du port de Saint Valery sur Somme. Ce matin, il a reçu 15 kg de coquilles Saint-Jacques. La marchandise rentre dans la chambre froide du restaurant et Thierry rédige le bon d'entrée.

BON D'ENTRÉE N° 456
6 mai N
15 kg de Saint-Jacques

Date	Mouvements	Entrées	Sorties	Stocks
1/05	Stock Initial			5
06/05	BE N° 456			

1 Expliquez ce que représentent les 5 kg de coquilles Saint-Jacques le 1er mai.

....

2 Complétez la fiche de stock le 6 mai N.

Date	Mouvements	Entrées	Sorties	Stocks
1/05	Stock Initial			5
06/05	BE N° 456	....		....

Le 7 mai, pour le service du jour, Thierry a besoin de 4 kg de coquilles Saint-Jacques : il les retire de la chambre froide et il rédige un **bon de sortie**.

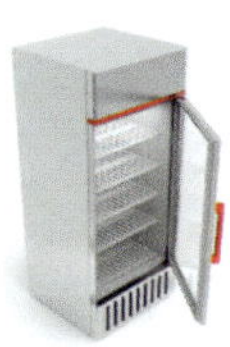

BON DE SORTIE N° 3658
7 mai N
4 kg de Saint-Jacques

3 Complétez la fiche de stock des coquilles après la sortie du 7 mai N.

Date	Mouvements	Entrées	Sorties	Stocks
1/05	Stock Initial			5
06/05	BE N° 456	15		20
07/05	BS N° 3658		....	....

4 Indiquez à Thierry le nombre de kg de coquilles qu'il pourra utiliser pour le service du lendemain.

....

5 Qualifiez le stock du 7 mai au soir.

....

II. Le coût d'achat des entrées

Le Relais Guillaume de Normandie paye aux pêcheurs les coquilles Saint-Jacques 8 € le kg.
Les 8 € représentent simplement le prix d'achat des coquilles.
À ce prix d'achat, il faut ajouter **les frais d'approvisionnement** : ils représentent les frais liés à la commande, au transport, à l'emballage et à l'assurance éventuelle de la marchandise.

8 € le kg = Prix d'achat

\+

Transport 2,00 €
Emballage 0,50 €

=

COÛT D'ACHAT
.... le kg

Les frais d'approvisionnement ajoutés au prix d'achat donnent le **coût d'achat**.

8 € + ... = ... **le kg de coquilles Saint-Jacques.**

6 Complétez la fiche de stock pour les entrées en quantités et en valeur.

DATE	MOUVEMENTS	ENTRÉES	Prix Unitaire	TOTAL
1/05	Stock initial			
06/05	BE N° 369	15	....	....

15 × 10,50 € = ...

III. Le coût des sorties

État de mon stock final le 6 mai au soir.

DATE	QUANTITÉ	Prix Unitaire	TOTAL
1er mai	5	10,00	50,00
6 mai	15	10,50	157,50

Justification des calculs : Quantité × PU = Coût total

5 × 10,00 € = ...

15 × 10,50 € = ...

Pour calculer la fiche technique des coquilles Saint-Jacques, le Relais Guillaume de Normandie a besoin de calculer le coût de sortie des coquilles.
Le 7 mai, nous aurons besoin de 4 kg en cuisine.

7 Indiquez les différentes possibilités de prix pour ces 4 kg de coquilles.

....

....

....

Pour calculer le coût de sortie, le Relais a deux possibilités : Le Coût Moyen Unitaire Pondéré (CMUP) après chaque entrée, ou la méthode du Premier Entré, Premier Sortie (PEPS).

IV. La méthode du coût moyen pondéré après chaque entrée

Pour vous faire découvrir cette méthode particulièrement adaptée aux produits frais et aux denrées périssables, Francis Crimet vous remet la fiche de stock du safran pour le mois novembre. Il vous note la formule de calcul sur une petite fiche et il vous précise qu'à chaque entrée, il faut calculer un nouveau coût.

DOCUMENT 1 La formule de calcul du CMUP

Formule du CMUP : $\frac{\text{Valeur du stock précédent + Valeur de l'entrée}}{\text{Quantité du stock précédent + Quantité achetée}}$

Fiche de stock du Safran qualité supérieure.

Date	Libellés	Entrées			Sorties			Stocks		
		Q	PU	T	Q	PU	T	Q	PU	T
1/04	SI							200	6,00	1 200,00
5/04	BS 23				50	6,00	300,00	150	6,00	900,00
6/04	BE 14	100	6,50	650,00				250	6,20	1 550,00
7/04	BS 24				80	6,20	496,00	170	6,20	1 054,00
10/04	BE 15	350	7,00	2 450,00				520	6,74	3 504,00
12/04	BS 25				150	6,74	1 011,00	370	6,74	2 493,80
17/04	BS 26				120	6,74	808,80	250	6,74	1 685,00
24/04	BE 16	250	6,00	1 500,00				500	6,37	3 185,00
30/04	BS 27				90	6,37	573,30	410	6,37	2 611,70

8 Justifiez les calculs des CMUP surlignés par M. Dupré.

....

....

....

9 Indiquez la quantité et valeur du stock initial.

....

10 Indiquez la quantité et valeur du stock final.

....

Thierry Dupré, au vu de vos résultats vous confie les Bons d'Entrée et de Sortie du café LAVAZZA afin d'établir la fiche de stock du café pour le mois de mai.

11 Complétez la fiche de stock du café et justifiez les calculs des coûts. (Extrait de sujet d'examen.)

BON D'ENTRÉE n° 35 le 02/05		
Référence	**Quantité**	**Prix unitaire**
CAFLAV	10	6,10

BON DE SORTIE n° 54 le 04/05		
Référence	**Quantité**	**Prix unitaire**
CAFLAV	8	

BON DE SORTIE n° 59 le 12/05		
Référence	**Quantité**	**Prix unitaire**
CAFLAV	4	

BON D'ENTRÉE n° 38 le 16/05		
Référence	**Quantité**	**Prix unitaire**
CAFLAV	12	6,30

BON DE SORTIE n° 64 le 20/05		
Référence	**Quantité**	**Prix unitaire**
CAFLAV	7	

BON DE SORTIE n° 67 le 27/05		
Référence	**Quantité**	**Prix unitaire**
CAFLAV	5	

CAFÉ LAVAZZA
Réf : CAFLAV

Conditionnement : sachet de 1 kg

FICHE DE STOCK

Mai

Date	BE BS N°	Entrées			Sorties			Stocks		
		Quantité	Prix unitaire	Valeur	Quantité	Prix unitaire	Valeur	Quantité	Prix unitaire	Valeur
01/05	Report							10	6,00	60,00
		....	....	....				....	....	....
					....	....	....	....	....	....
					....	....	....	....	....	....
		....	....	....				....	....	....
					....	....	....	....	....	....
					....	....	....	....	....	....

Justification des calculs de CMUP :

....

....

V. La méthode du Premier Entré, Premier Sorti, ou méthode des lots

DOCUMENT 2 **La formule du PEPS**

Premier entré = Premier sorti

12 Analysez puis complétez la fiche de stock des paquets de gâteaux secs.

		Entrées			Sorties			Stocks		
Date	**BONS**	**Q**	**PU**	**T**	**Q**	**PU**	**T**	**Q**	**PU**	**T**
1/05	SI							10	2,00	20,00
5/05	BS 78				4	2,00	8,00	6	2,00	12,00
6/05	BE 41	15	2,70	40,50				6 15	2,00 2,70	12,00 40,50
7/05	BS 79				10 6 4	2,00 2,70	....	11	2,70	....
10/05	BE 42	14	2,14	30,00				11 14	2,70 2,14	29,70 30,00
12/05	BS 80				5	2,70	13,50	6	2,70 2,14	16,20 30,00
18/05	BS 81				9 6 ...	2,70	16,20	....	......	....
24/05	BE 43	21	2,80	58,80				11	2,14 2,80	23,54 ....
31/05	BS 82				15	....	....	....	....	....

13 Indiquez la quantité et la valeur du stock initial.

....

14 Indiquez la quantité et la valeur du stock final.

....

15 Établissez la fiche de stock pour la farine à l'aide des bons ci-dessous. (Extrait de sujet d'examen.)

BON DE SORTIE n° 34		Date : 05/05	
Réf.	**Désignation**	**Quantités demandées**	**Quantités livrées**
37B	FARINE	20	20

BON DE SORTIE n° 40		Date : 14/05	
Réf.	**Désignation**	**Quantités demandées**	**Quantités livrées**
37B	FARINE	18	18

BON DE SORTIE n° 48		Date : 21/05	
Réf.	**Désignation**	**Quantités demandées**	**Quantités livrées**
37B	FARINE	20	15

BON DE SORTIE n° 53		Date : 30/05	
Réf.	**Désignation**	**Quantités demandées**	**Quantités livrées**
37B	FARINE	12	12

BON D'ENTRÉE n° 28		Date : 12/05	
Réf.	**Désignation**	**Quantités reçues**	**Coût unitaire H.T.**
37B	FARINE	30	1,08

BON D'ENTRÉE n° 33		Date : 24/05	
Réf.	**Désignation**	**Quantités reçues**	**Coût unitaire H.T.**
37B	FARINE	20	1,11

Produit : FARINE — **Stock minimum : 10** — **Méthode : P.E.P.S.**
Unité : KG — **Stock maximum : 50**

Dates	Documents	ENTRÉES			SORTIES			STOCK		
		Qtés	Prix unit.	Total	Qtés	Prix unit.	Total	Qtés	Prix unit.	Total
01/05	Stock initial							8 25	1,06 1,09	....
....	....				....	....	....	....	....	....
....	....	....	....	....				....	....	....
....	....				....	....	....	....	....	....
....	....				....	....	....	....	....	....
....	....	....	....	....				....	....	....
....	....				....	....	....	....	....	....

Fiche de synthèse

La fiche de stocks en quantité

Les bons d'entrées correspondent à .... de marchandises : la marchandise .... en stock.

Les bons de sorties correspondent à la marchandise qui sort : la marchandise .... en cuisine.

Dates et bons	Entrées	Sorties	Stocks
12/01 Stock initial			50
14/01 BE 156	15		....
15/01 BS 452		25	....
17/01 BS 453		30	....
20/01 BE157	60		....

La valorisation des entrées

Les entrées de marchandises s'établissent en coût d'achat.

Au prix d'achat, on ajoute .... Ils représentent les frais liés à la ...., à l'emballage et à l'assurance éventuelle de la marchandise.

Quantité × Coût unitaire = coût total

La valorisation des sorties

1. La méthode du Coût Moyen Unitaire Pondéré après chaque entrée.

Après chaque entrée, il faut calculer le nouveau .... de notre marchandise, à l'aide de la formule ci-dessous.

Formule du CMUP : $\dfrac{\text{...}}{\text{...}}$

Date	Libellés	Entrées			Sorties			Stocks		
		Q	PU	T	Q	PU	T	Q	PU	T
1/04	SI							200	4,20	840,00
5/04	BS 23				50	4,20	210,00	150	4,20	....
6/04	BE 14	100	4,00	400,00				250	....	....
7/04	BS 24				80	....	329,60	170	....	....

CMUP le 6 avril : (630 + 400) / (150 + 100) = ...

2. La méthode du Premier Entré, Premier Sorti

Le .... qui entre en stock sera le .... à sortir du stock.

Date	BONS	Entrées			Sorties			Stocks		
		Q	PU	T	Q	PU	T	Q	PU	T
1/05	SI							10	4,00	40,00
5/05	BS 78				4	4	16	6	4,00	24,00
6/05	BE 41	15	3,00	45,00				....	4,00 3,00	24,00 45,00
7/05	BS 79				10	4,00 3,00	....	11	3,00	....

Entraînez-vous

Fiche de stock n° 1

À l'aide des bons d'entrées et de sortie ci-dessous, établissez la fiche de stock du Saint-Emilion 1999 et justifiez vos calculs de coûts d'achat et de CMUP.

Le 08/01/... Bon entrée N° 100 **Quantité :** .... **Prix unitaire :**	Le 10/01/... Bon sortie N° 9 **Quantité** : 5	Le 03/01/... Bon sortie N° 8 **Quantité** : 3
Le 20/01/... Bon sortie N° 11 **Quantité** : 4	Le 15/01/... Bon sortie N° 10 **Quantité** : 4	Le 28/01/... Bon entrée N° 101 **Quantité :** .... **Prix unitaire :** ....

Facture n° 420	**le 08/01/...**
Bouteilles St-Émilion 1999 12 b à 23,06 €	276,72
Remise 5 %	13,84
Net commercial	262,88
TVA 19,60 %	51,52
Net à payer	314,40

Facture n° 535	**le 28/01/...**
Bouteilles St Émilion 1999 16 b à 22,38 €	358,08
Remise 5 %	17,90
Net commercial	340,18
Frais de port	15,00
Montant HT	355,18
TVA 19,60 %	69,62
Net à payer	424,80

FICHE DE STOCK — Méthode de valorisation : CMUP après chaque entrée

Désignation : Bouteille St Émilion 1999 — Réf. H2365 — Stock maxi : 20 — Stock mini : 4

Date	Libellé	Entrées			Sorties			Stocks		
		Quantité	Prix unitaire	Montant	Quantité	Prix unitaire	Montant	Quantité	Prix unitaire	Montant
02/01	Stock initial							8	25,40	203,20
03/01	BS n° 8				3	25,40	76,20	5	25,40	127,00
08/01	BE n° 100	12	21,91	262,92				17	22,94	389,92
10/01	BS n° 9				5	22,94	114,70	12	22,94	275,28
15/01	BS n° 10				4	22,94	91,76	8	22,94	183,52
20/01	BS n° 11				4	22,94	91,76	4	22,94	91,76
28/01	BE n° 101	16	22,20	355,20				20	22,35	446,96

Justification des calculs

Les coûts d'achat :

....

....

....

Justification des CMUP

....

....

Entraînez-vous

Fiche de stock n° 2

À l'aide des documents ci-dessous, établissez la fiche de stock.

ÉTAT DU STOCK au 01/12		
Désignation	Qtés	P.U.
Bouteille Réf. 5067	15	5 €

BON DE SORTIE n° 14	
Date : 20/12	
Désignation	Qtés
Bouteille Réf. 5067	8

BON D'ENTRÉE n° 10		
Date : 08/12		
Désignation	Qtés	P.U.
Bouteille Réf. 5067	30	6 €

BON DE SORTIE n° 14	
Date : 15/12	
Désignation	Qtés
Bouteille Réf. 5067	22

BON D'ENTRÉE n° 13		
Date : 18/12		
Désignation	Qtés	P.U.
Bouteille Réf. 5067	17	6,50 €

BON DE SORTIE n° 15	
Date : 24/12	
Désignation	Qtés
Bouteille Réf. 5067	20

BON D'ENTRÉE n° 16		
Date : 27/12		
Désignation	Qtés	P.U.
Bouteille Réf. 5067	40	6,50 €

BON D'ENTRÉE n° 16		
Date : 27/12		
Désignation	Qtés	P.U.
Bouteille Réf. 5067	40	6,50 €

Référence : 5067
Désignation : Bordeaux blanc sec
Stock minimum : 10
Stock maximum : 60

« Entre-deux-mers-AOC - Château Bonnet » 2001

Méthode : « PREMIER ENTRÉ, PREMIER SORTI »

Dates	N° et nom document	Entrées			Sorties			Stocks		
		Qtés	P.U.	Montant	Qtés	P.U.	Montant	Qtés	P.U.	Montant
01/12	En stock							15	5,00	75,00
....	....	....	....	....				....	....	....
....	....				....	....	....	....	....	....
....	....				....	....	....	....	....	....
....	....	....	....	....				....	....	....
....	....				....	....	....	....	....	....
....	....				....	....	....	....	....	....
....	....	....	....	....				....	....	....

12 La fiche technique

ENVIRONNEMENT COMMERCIAL

OBJECTIFS

- ☐ La valorisation de la fiche technique, le calcul du coût matière.
- ☐ Calcul du coût de revient total et unitaire d'un plat.

CARTE D'IDENTITÉ DE L'ENTREPRISE

LA FERME DE BELLEVUE
121 Rue de Bellevue
80120 Bernay-en-Ponthieu
06 90 60 13 08

En Picardie, en Baie de Somme, la Ferme de Bellevue vous accueille pour dormir en gîte ou en chambres d'hôtes que vous soyez en couple ou en groupe pour un séjour ou une étape en Baie de Somme.
Nous vous proposons aussi la location de notre salle pour vos séminaires en côte Picarde.
Au cœur de la Baie de Somme, des activités et sites à visiter, dans la quiétude de la campagne, nos hébergements de charme répondent à tous vos besoins.

Vocabulaire

Conversion : changer d'unité de mesure.
Passer du kilogramme au gramme.
Coût Total : le prix de l'ensemble des produits utilisés pour réaliser le plat.
Coût Unitaire : le prix pour 1 personne.

→ Activité préparatoire

La responsable du site, Julie Fournier, souhaite agrandir son offre de prestation de séminaires, elle souhaite notamment mettre en place des repas spécifiques pour les chefs d'entreprises réunis en séminaire.
Elle vous demande de l'aider dans l'élaboration et le calcul des fiches techniques.

I. Les problèmes de conversion : les poids ou masses

L'équipe de football de Picardie souhaite passer 2 jours à La Ferme de Bellevue, afin de mettre au point le match du prochain week-end. L'entraîneur a donc réservé pour 15 personnes le grand gîte, la salle de remise en forme ainsi que la salle de séminaire. Julie vous demande d'adapter les fiches techniques pour les 15 participants.

Le restaurateur achète sa marchandise en grosse quantité : au kilogramme !
Le pâtissier a besoin de petites quantités : les grammes !

Julie souhaite préparer, pour la pause de l'après-midi, un gâteau aux cerises.
Elle achète 15 kg de farine à 0,80 € le kg, 4 kg de cerises à 6,50 € et 250 g de cannelle à 3,50 € les 250 g.
En cuisine, le chef a besoin de 750 grammes de farine, de 1,600 kg de cerises et de 15 grammes de cannelle.

DOCUMENT 1 **Les masses**

1 tonne = 1 000 kilogrammes 1 kilogramme = 1 000 grammes

1 kilogramme = 9,00 € 1 gramme = 1 000 fois moins 9,00 €/1 000 = 0,009 € le gramme

1 Calculez le coût des 750 g de farine.

....

....

....

2 Calculez le coût de 1,600 kg de cerises.

....

....

....

....

3 Calculez le coût des 15 grammes de cannelle.

....

....

....

4 Calculez le coût total de la facture pour Julie.

....

5 Calculez le coût total pour le chef.

....

II. Les problèmes de conversion : les liquides

DOCUMENT 1 **Les litres**

1 litre = 10 décilitres
1 litre = 100 centilitres

1 décalitre = 10 litres
1 hectolitre = 100 litres

1 litre = 6,00 € — 1 centilitre = 100 fois moins — 6,00 €/100 = 0,06 € le centilitre
1 litre = 6,00 € — 1 décilitre = 10 fois moins — 6,00 €/10 = 0,60 € le décilitre

Au Lycée, vous êtes le champion des « Baba au Rhum », vous proposez à Julie de les mettre au menu.
Julie se procure du rhum pour les « baba » à 35,00 € la bouteille de 75 centilitres, des cerises à l'eau de vie à 45,00 € les 80 cerises et enfin de la crème liquide à 3,50 € le litre.
En cuisine le chef utilise 10 centilitres de rhum, 25 cerises à l'eau de vie et 5 décilitres de crème.

6 Calculez le coût des 10 centilitres de rhum.

7 Calculez le coût des 25 cerises à l'eau de vie.

8 Calculez le coût des 5 décilitres de crème.

9 Calculez le coût total de la facture pour Julie.

10 Calculez le coût total pour le chef.

III. La fiche technique

DOCUMENT 3 **La fiche technique**

La fiche technique est un document qui explique la recette d'un plat, qui détaille le grammage des produits utilisés et qui donne le coût de revient du plat.
Elle doit être mise à jour régulièrement pour tenir compte de l'évolution de la recette et surtout de l'évolution des prix.

11 Aidez Julie à compléter sa fiche technique pour son Turbot poché sauce Hollandaise pour 10 personnes.

Ingrédient	Unité	Q	PU en €	Coût Total en €
Turbot	Kg	2,500	24,00	....
Citron jaune	Kg	0,650	2,75	....
Beurre doux *	Kg	....	5,16	....
Lait **	Litre	....	0,58	....
Œufs	Pièce	4	0,12	....
Persil plat	botte	0,10	1,42	....
			Coût matière	....
			Assaisonnement 2 %	....
			Coût total	....
* *Beurre doux = 250 g*			Nb de portions	....
** *Lait = 5 cl*			Coût unitaire	....

12 Calculez le prix de revient unitaire : frais de production à 9 € et frais de service à 4 €.

....

13 Calculez le prix de vente TTC de ce plat pour une TVA de 7 %.

....

14 Calculez la fiche technique du Turbot pour les 15 membres de l'équipe de football.

Ingrédient	Unité	Q	PU en €	Coût Total en €
Turbot	Kg	....	24,00	....
Citron jaune	Kg	....	2,75	....
Beurre doux	Kg	....	5,16	....
Lait	Litre	....	0,58	....
Œufs	Pièce	....	0,12	....
Persil plat	botte	....	1,42	....
			Coût matière	....
			Assaisonnement 2 %	....
			Coût total	....
			Nb de portions	....
			Coût unitaire	....

Fiche de synthèse

1 tonne = ... kilogrammes

1 kilogramme = ... grammes

1 litre = ... décilitres

1 décalitre = ... litres

1 litre = ... centilitres

1 hectolitre = ... litres

Entraînez-vous

Établir la fiche technique de la « Poitrine de veau farcie surprise » pour 14 personnes (extrait de sujet d'examen)

Ingrédient	Unité	Q	PU en €	Coût Total en €
Poitrine de veau	Kg	3,5 kg	7,00	....
Crème fraîche	Litre	50 cl	3,60	....
Œuf	Pièce	5	0,094	....
Mangue	Pièce	4	1,10	....
Poireau	Kg	500 g	1,30	....
Carotte	Kg	400 g	0,40	....
Trompette de la mort	Kg	200 g	37,00	....
Poivron rouge	Kg	500 g	2,50	....
Navet	Kg	400 g	1,00	....
Salade	Sachet 500 g	1	3,50	....
Beurre	Kg	250 g	4,40	....
Farine	Kg	100	0,60	....
Fond de veau	Bte 800 g	100 g	13,54	....
Radis	Botte	1	0,80	....
Pomme de terre	Kg	5 kg	0,33	....
			Coût matière	....
			Assaisonnement 2 %	....
			Coût total	....
			Nb de portions	....
			Coût unitaire	....

1 Calculez le coût TTC unitaire compte tenu des éléments ci-dessous.

– Frais de production : eau, gaz et main-d'œuvre : 8,50 €
– Frais de distribution : service en salle, nettoyage des couverts : 6,80 €
– TVA : 7 %

Entraînez-vous

Calcul du HT Hors Taxes

....

Calcul de la TVA Taxe sur la Valeur Ajoutée

....

Calcul du TTC Toutes Taxes Comprises

....

2 Indiquez le prix à la carte de ce plat.

....

Établir la fiche de stock du Gâteau Battu

Le gâteau battu, l'un des symboles de la gastronomie picarde, est une pâtisserie de forme cylindrique, assez haute, crénelée, de belle couleur jaune à marron foncé. Sa texture est plus aérée que celle d'une brioche, donnant en bouche un fondant exquis.

Ingrédient	Unités	Quantités nécessaires	PU en €	Coût Total en €
Farine	kg	300 g	0,70	....
Sel	250 g	5 g	0,01	....
Jaunes d'œufs	Pièce	10	0,15	....
Levure	10 g	50 g	0,03	....
Sucre	Kg	125 g	2,60	....
Beurre	Kg	200 g	5,50	....
Lait	Litre	5 cl	1,05	....
		Coût matière		....

3 Établir la fiche technique de la Ficelle Picarde

Ingrédient	Unité	Quantités nécessaires	PU en €	Coût Total en €
Farine	Kg	125 g	0,70	....
Crème fraîche bio	75 cl	12,5 cl	6,05	....
Œuf entier bio	Pièce	2	0,18	....
Beurre	Kg	50 g	5,50	....
Lait	Litre	2 dl	1,05	....
Jambon blanc	Tranche	2	0,90	....
Champignons de Paris	Kg	0,125 g	3,50	....
Échalotes bio	Kg	125 g	6,00	....
Emmental râpé	250 g	0,40 g	1,75	....
			Coût matière	....
			Sel Poivre 1 %	....
			Coût total	....

13 La main courante

ENVIRONNEMENT COMMERCIAL

OBJECTIFS

- ☐ Lire, compléter et interpréter une main courante de restaurant.
- ☐ Établir la concordance entre le relevé des ventes et le relevé des recettes. La main courante est donnée, faire le relevé des ventes et des encaissements selon les différents modes.

CARTE D'IDENTITÉ DE L'ENTREPRISE

Restaurant « LA LIBERTÉ »
52 rue des États-Unis
75007 Paris
01 04 07 52 75

Restaurant gastronomique de spécialités françaises et américaines.

Vocabulaire

Décompte : liste des produits consommés par un client.
Prestation : service fourni par le restaurateur.
Recette : montant du chiffre d'affaires, total des ventes de la période.
Ventilation : c'est une répartition selon les différentes valeurs ou les différents produits.

→ Activité préparatoire

À l'occasion de votre stage au restaurant « La Liberté », Valentin, le Chef de rang, vous charge de contrôler les recettes et le chiffre d'affaires pour la journée du 14 juillet.

Activités

I. La prise de commande en salle

Une fois le client installé à sa table, le serveur lui présente la carte. Il fait son choix et le serveur prend la commande. Il remet l'original en cuisine et laisse le double sur la table du client.
Au fur et à mesure, il complète le bon de commande lorsque le client émet un nouveau souhait.

DOCUMENT 1 Les bons de commande

TABLE 1
1 saumon *1 campagne* *2 escalopes normandes* *2 tartes du jour* *2 cafés*

TABLE 2
2 kirs *2 menus 1* *1 bordeaux* *1 café*

1 Exposez les différentes manières de saisir une commande.

....

II. La main courante

La main courante est un décompte des prestations servies aux clients, réalisé à l'aide des bons de commande pris par les serveurs.
Ce document permet de connaître le détail des prestations vendues table par table et référence par référence, ainsi que le détail des règlements des clients.
À l'aide des bons de commande et des tarifs, le restaurateur établit sa main courante à la fin du service.

DOCUMENT 2 La main courante

MAIN COURANTE DU : 14 JUILLET N					
	TABLE 1	TABLE 2	TABLE 3	TABLE 4	TOTAL
BAR		20		20	....
SAUMON	12		12		....
ASSIETTE DE CAMPAGNE	10		10		....
ESCARGOTS			15		....
ESCALOPE NORMANDE	40		20		....
AGNEAU DES PRÉS SALES			25		....
DESSERT	14				....
MENU 5e Avenue		50		25	....
MENU Route 66				35	....
VIN		22	30	18	....
CAFÉ	4	2	4	4	....
TOTAL	....	....	....	....	....
ESPÈCES	X				
CHÈQUES BANCAIRES		X	X		
CARTE BLEUE				AE	

2 Effectuez les totaux horizontaux et verticaux.

III. La feuille de caisse ou de recette

À la fin du repas, le client règle sa note. Le restaurateur doit afficher sur la carte s'il refuse les chèques ou le paiement en carte bancaire.
Valentin doit vérifier à la fin du service que le montant de la main courante correspond au montant total de la recette, du chiffre d'affaires du restaurant.

DOCUMENT 3 **La feuille de caisse ou feuille des recettes**

FEUILLE DE CAISSE DU : 14 JUILLET N			
MAIN COURANTE	TOTAL	RECETTE	TOTAL
BAR	40	ESPÈCES	....
ENTRÉE	....	CHÈQUES BANCAIRES	....
MENU 5e Avenue	75	CARTE BLEUE	
MENU route 66	35	CARTE VISA	
PLATS	....	AMERICAN EXPRESS	....
DESSERT	14	AUTRES CARTES	
CAVE	70	TICKETS RESTAURANT	
CAFÉ	14	À CRÉDIT	
TOTAL	....	TOTAL	....

3 Complétez la feuille de caisse du restaurant à l'aide du document 2.

4 Indiquez à Valentin si la concordance entre les ventes et les recettes est respectée.

....

IV. La concordance entre les ventes et les recettes

Le restaurateur doit ensuite procéder à l'encaissement des chèques et des cartes bancaires. Il doit aussi déposer à la banque les paiements en espèces.

DOCUMENT 4 **La caisse le 14 juillet au soir**

BON DE CAISSE	
Fonds de caisse	= 150,00 €
Recette du jour	= ....
Pain	= – 15,00 €
Caisse le 14 juillet	= ....

5 Complétez le Bon de caisse au 14 juillet au soir, à l'aide du document 3.

6 Indiquez à Valentin le montant des espèces qu'il doit trouver dans la caisse au soir du 14 juillet.

....

7 Calculez le nombre et le montant des chèques que Valentin doit remettre à la banque.

....

8 Indiquez le montant des paiements en carte bancaire.

....

9 Vérifier la concordance entre le total des encaissements et le montant du chiffre d'affaires.

Encaissements : ....

Chiffre d'affaires : ....

IV. La ventilation des espèces

En ce qui concerne les espèces, Valentin doit les repartir selon leur valeur et en calculer le montant. Le total de la fiche de ventilation doit correspondre au montant des espèces en caisse.

Ventilation des espèces au 14 juillet N		
FOND DE CAISSE	150,00	
RÈGLEMENTS	15,00	
Détail des espèces		
BILLETS DE 500 €		
BILLETS DE 200 €		
BILLETS DE 100 €		
BILLETS DE 50 €		
BILLETS DE 20 €	3	....
BILLETS DE 10 €	6	....
BILLETS DE 5 €	3	....
PIÈCES DE 2 €	23	....
PIÈCES DE 1 €	25	....
PIÈCES DE 0,50 €	13	....
PIÈCES DE 0,20 €	7	....
PIÈCES DE 0,10 €	1	....
PIÈCES DE 0,05 €	20	....
PIÈCES DE 0,02 €		
PIÈCES DE 0,01 €		
TOTAL DES ESPÈCES		....

10 Complétez la ventilation des espèces établie par Valentin.

11 Vérifiez que le montant de la caisse correspond bien au règlement en espèces par la table N° 1.

....

Fiche de synthèse

- **La main courante** est un .... de chaque prestation servie aux clients, ainsi que le mode de ....
- **La feuille de caisse** permet le contrôle entre .... et les différents .... utilisés par les clients pour régler leur note.
- Une fois la vérification faite entre .... et la feuille de recettes, ... l'hôtelier ou le restaurateur, établit la .... selon les différentes coupures de billets et de pièces.

Entraînez-vous

Complétez la main courante du restaurant « THE SUN »

Sachant que la table 1 paye en carte visa, la table 4 en AE, la table 2 en espèces et la 3 par chèque bancaire, voici les tarifs des consommations de la table 4 : Entrée : 15 € - Plat N° 1 : 50 € - Dessert : 18 € - Cave : 35 € - Café : 8 €.

MAIN COURANTE DU : 15 AOÛT N					
	TABLE 1	TABLE 2	TABLE 3	TABLE 4	TOTAL
BAR		29	15		....
ENTRÉE				....	....
PLAT JAZZ	50	50	50	....	....
PLAT SAXO			30		....
FROMAGE		10	10		....
DESSERT	15	24	25	....	....
CAVE			38	....	....
CAFÉ	2	4	10	....	....
TOTAL	....	....	....	....	....
ESPÈCES					
CHÈQUES					
CARTE					

Entraînez-vous

Complétez la fiche de caisse

FEUILLE DE CAISSE DU : 15 AOÛT N			
MAIN COURANTE	TOTAL	RECETTE	TOTAL
BAR	....	ESPÈCES	....
ENTRÉE	....	CHÈQUE BANCAIRE	....
PLAT JAZZ	....	CARTE BLEUE	
PLAT SAXO	....	CARTE VISA	....
FROMAGE	....	AMERICAN EXPRESS	....
DESSERT	....	AUTRES CARTES	
CAVE	....	TICKET RESTAURANT	
CAFÉ	....	À CRÉDIT	
TOTAL	....	TOTAL	....

Complétez le bon de caisse du 15 août au soir

BON DE CAISSE	
Fonds de caisse	= 450,60 €
Recette du jour	= ....
Bourbon	= – 35,00 €
Caisse le 14 juillet	= ....

14 La facture et la note client

ENVIRONNEMENT COMMERCIAL

OBJECTIFS

- ☐ La rédaction de la facture client.
- ☐ La rédaction de la note.
- ☐ La différenciation entre la facture et la note.
- ☐ Le contrôle entre la commande du client et la facture ou la note est effectué.

CARTE D'IDENTITÉ DE L'ENTREPRISE

Restaurant « LA LIBERTÉ »
52 rue des États-Unis
75007 Paris
01 04 07 52 75

Restaurant gastronomique de spécialités françaises et américaines.

Vocabulaire

Facture : elle mentionne le HT, la TVA et le TTC des prestations servies au client.
Note : elle ne mentionne que le montant TTC des prestations servies au client.

→ Activité préparatoire

Satisfait de votre sérieux dans l'établissement de la main courante, Valentin souhaite vous impliquer dans la rédaction des factures et des notes aux clients. Pour cela, il vous remet, le 16 juillet, une documentation sur le calcul de la Taxe sur la valeur ajoutée : la TVA.

I. La taxe sur la valeur ajoutée : TVA

Rappel du Chapitre 10 : La facture fournisseur.

DOCUMENT 1 Les taux de TVA et le calcul de la TVA

L'hôtellerie restauration supporte deux taux de TVA, 7 % et 19,6 %

7 %

7 %

19,60 %

7 %

19,60 %

La Taxe sur la Valeur Ajoutée est un impôt que le consommateur doit payer en plus de son achat.
Le prix sur la carte est un prix TTC : Toutes Taxes Comprises.

HORS TAXE + TVA = TOUTES TAXES COMPRISES

DOCUMENT 2 La TVA déductible sur les achats

25,00 € + 1,75 € de TVA

Je paye 26,75 €

Liberté • Égalité • Fraternité
RÉPUBLIQUE FRANÇAISE

Il me rembourse 1,75 €

TVA Déductible 25,00 € × 7 % = (25 × 7)/100 = ...

DOCUMENT 3 La TVA collectée sur les ventes

Les clients payent 40 € les desserts + 2,80 € de TVA
donc ils payent 42,80 € au restaurateur.

40 € × 7 % = (40 × 7)/100 = ... €

Prévisions du gouvernement :
La TVA à 7 % devrait passer à 10 %.
La TVA à 19,6 % devrait passer à 20 %.

DOCUMENT 4 La TVA à décaisser, à payer à l'État

Liberté • Égalité • Fraternité
RÉPUBLIQUE FRANÇAISE

Dans la caisse du restaurant il y a 2,80 € qui appartiennent à l'État. Le restaurateur va rendre cet argent à l'État, la **TVA Collectée**.

La position du restaurant :

L'État lui doit .... €

Le restaurant doit à l'État .... €

Il va payer la différence soit .... **€ TVA à Décaisser**.

1 Complétez les deux tableaux remis par Valentin.

Prix HT	Taux de TVA	Calculs	TVA	TTC
20,00 €	7,00 %	....	....	....
50,00 €	19,60 %	....	....	....

Éléments	HT	TVA 7 %	TVA 19,6 %	TTC
Repas	66,00 €	....		....
Vin et digestif	95,00 €		....	....

II. La facture client

La facture remise au client mentionne le détail des prestations servies. Elle est établie à partir de la main courante (Chapitre 13 : La main courante). La facture indique le montant hors taxe, le taux de TVA, le montant de TVA et le total à payer par le client : le TTC.

DOCUMENT 5 **La facture client**

LA LIBERTÉ
52 rue des États-Unis
75007 Paris

Cocktail KENSAS	22,50
Cocktail CALIFORNIA	44,50
Cocktail Saveurs de fruits	12,00

TVA	HT	TVA	TTC
19,6 %	56,02	10,98	67,00 €
7 %	11,22	0,78	12,00 €

TOTAL 79,00 €
16/07/N

LA LIBERTÉ vous remercie.

2 Le document 5 est une facture ; relevez les éléments qui le prouvent.

....

....

3 Justifiez les deux taux de TVA de la facture.

....

....

III. La note client

Comme pour la facture, la note mentionne le détail des prestations servies aux clients mais **uniquement exprimé en TTC**. Le taux de la TVA n'apparaît pas sur une note, en revanche, il est obligatoirement indiqué sur la carte du restaurant. Il en va de même pour le service. *(Reprendre le Chapitre 7 : La rémunération)*

DOCUMENT 6 **Retrouver le HT**

Sur la note de restaurant, seul le TTC est indiqué. Le client peut demander une facture faisant apparaître le HT et le montant de la TVA. Il faut donc procéder à un calcul.
Pour retrouver un HT à partir du TTC on applique la formule générale suivante :

$$\frac{\textbf{TTC} \times \textbf{100}}{\textbf{100 + taux TVA}}$$

Plus simplement **TTC/1,196** pour un taux de 19,6 % et **TTC/1,07** si le taux est de 7 %.

4 Effectuez les calculs du tableau remis par Valentin.

Éléments TTC		Calculs	HT	TVA
147 €	Taux de 7 %	....	....	....
95 €	Taux de 19,6 %	....	....	....

DOCUMENT 7 **La note client**

LA LIBERTÉ
52 rue des États-Unis
75007 Paris

Menu ALASKA	35,00 €
Menu MANTHATAN	40,00 €
Menu ILINOIS	15,00 €
Vin de Bordeaux	20,00 €
TOTAL	110,00 €
16/07/N	

LA LIBERTÉ vous remercie.

5 Retrouvez les calculs du tableau ci-dessous.

Éléments	TTC	HT	TVA
Menu ALASKA	35,00 €	....	....
Menu MANHATAN	40,00 €	....	....
Menu ILINOIS	15,00 €	....	....
Vin de Bordeaux	20,00 €	....	....
TOTAL	110,00 €	....	....

6 Vérifiez que la ligne « Total » = « Total HT + Total TVA ».

....

Fiche de synthèse

Les prestations en hôtellerie restauration et les taux de TVA

Prestations à 7 %	....
Hébergement	Hébergement ☆☆☆☆☆
Boissons	Boissons ....
Petits-déjeuners	
Repas	

L'hôtelier restaurateur collecte le montant de la TVA payée par .... et la reverse à ....

On appelle cette TVA, ...

Pour retrouver le HT à partir du TTC :

- si le taux de TVA est de 19,6 % : ....
- si le taux de TVA est de 7 % : ....
- si le taux de TVA est de 20 % : ....
- si le taux de TVA est de 10 % : ....

La facture indique le détail des prestations servies au client :

Facture		
5 formules	400,00 €	← ....
TVA	28,00 €	← ....
TTC	428,00 €	← .... ou ....
Taux TVA : 7 %		← Taux ....

La note mentionne en TTC le détail des prestations servies au client. Le taux de la TVA et le taux du service ne sont pas obligatoires sur une note, en revanche, ils le sont sur ....

Note	
5 formules	428,00 €

Entraînez-vous

D'après un sujet de CAP « Connaissance de l'entreprise : environnement commercial ».

La note client

RESTAURANT LE CHAT GOURMAND – 12 avenue de Paris – 88000 Épinal

Jeudi 25 octobre 200N   Table 8   Couverts : 2

	PU		TOTAL
1 Entrée à	5,45 €	=	5,45 €
2 Plats du jour à	10,00 €	=	....
2 Tartes à	8,50 €	=	....
2 Cafés à	1,80 €	=	....
1 Bordeaux à	12,40 €	=	....
	TOTAL TTC	=	....

TVA comprise :
7 % et 19,6 % sur le vin

MERCI À BIENTÔT

1. Complétez le document.
2. Indiquez le nom du document : ....
3. Donnez la signification du sigle TTC : ....
4. Retrouvez le montant HT de la note : ....

....

5. Indiquez quelle est la différence entre une note et une facture : ....

....

La facture client

Établissez la facture N° 789, Table 23 le 15 octobre N, à l'aide des annexes 1 et 2.

Annexe 1

TABLE 23

2 cargolades
2 paellas
2 desserts gourmands
2 cafés offerts
1 Rosé de Provence

Annexe 2

EXTRAIT DE LA CARTE

Cargolades	10 €
Saumon	15 €
Paella	20 €
Fricassée de mer	25 €
Turbot à la crème	30 €
Tarte du jour	8 €
Desserts gourmands	12 €
Café	2,50 €
Café gourmand	7,50 €
Vin de Touraine	18 €
Coteau de Provence	20 €
Rosé de Provence	22 €

CHEZ MIRELLE
25 Grand Place
83100 TOULON

FACTURE N° ....
Table N° ....
TOULON le, ...

PLATS	Q	PU	TOTAL
....	....	....	....
....	....	....	....
....	....	....	....
....	....	....	....
....	....	....	....
TOTAL À PAYER			....
	TTC	HT	TVA
TVA 7 %	....	....	....
TVA 19,6 %	....	....	....
TOTAL	....	....	....

15 Les règlements clients

ENVIRONNEMENT COMMERCIAL

OBJECTIFS

- ☐ Les différents modes de règlements CB, chèques, Titres restaurant et espèces.
- ☐ La rédaction du chèque.

CARTE D'IDENTITÉ DE L'ENTREPRISE

CHEZ MARIE
17 place du Château
76260 EU
Tél. : 02 35 86 44 00

Le restaurant « Chez Marie » se trouve sur la place devant le château de la ville d'EU et son Musée Louis-Philippe. La ville renferme un patrimoine riche et varié. « Chez Marie » vous propose une étape gastronomique à l'image des Orléans. Toute la cuisine normande se trouve chez Marie, les coquilles Saint-Jacques du Tréport, les plateaux de fruits de mer, sans oublier les escalopes à la crème et aux champignons. L'accueil est chaleureux et Marie vous invite à partager sa table pour découvrir son savoir-faire et sa région.

Vocabulaire

RIB : Relevé d'Identité Bancaire.
Domiciliation : adresse de l'agence qui tient le compte.
Endosser : signer le chèque au dos pour l'encaisser et reconnaître que l'argent est pour nous.

→ Activité préparatoire

Situé en face le Château d'EU, le restaurant **CHEZ MARIE** de très bonne renommée, accueille une clientèle de touristes de passage dans la région et de nombreux habitués. Marie et Stéphanie sont en salle, Sandy et Tony en cuisine. À l'occasion de votre travail d'été vous avez demandé à Marie de l'aider dans ses tâches de gestion. En effet votre ambition est d'ouvrir un restaurant et vous souhaitez approfondir vos connaissances dans ce domaine.
Marie vous demande donc de l'aider pour l'encaissement des règlements clients.

I. Le règlement du client

Le restaurateur remet à son client une note ou une facture pour obtenir le paiement de la prestation de service. À la fin du service, le serveur doit remettre au responsable des encaissements l'état de sa caisse. Il vérifie avec sa main courante *(Chapitre 13 : La main courante)* l'état de ses recettes, et il établit la concordance entre les recettes et le chiffre d'affaires.

Enfin, il ventile les différents moyens de paiement par catégorie : espèces, chèques selon les établissements bancaires, cartes bancaires et tickets restaurant.

II. Les encaissements d'espèces

Le restaurateur doit remplir un bordereau de remise d'espèces fourni par sa banque. Le bordereau récapitule le détail des pièces et des billets. Il peut reprendre sa ventilation des espèces *(Chapitre 13 : La main courante)*.

DOCUMENT 1 **Le bordereau de remise d'espèces**

BORDEREAU DE REMISE D'ESPÈCES			
DATE	**Code Agence**	**N° de Compte**	**Réservé BNP**
15/08/N	00369	0000442377/74	
Nom et Adresse du titulaire			
Restaurant CHEZ MARIE 17 place du Château 76260 EU			
Agence tenant le compte		Agence Orléans	

Réservé à la Banque		
Service :	N° Opération :	
N° Ordre :	Folio :	Document :

BILLETS			
	X	500	
	X	200	
	X	100	
	X	50	
	X	20	
	X	10	
	X	5	
PIÈCES			
	X	1	
	X	2	
	X	0,50	
	X	0,20	
	X	0,10	
	X	0,05	
	X	0,02	
	X	0,01	

TOTAL EUROS : ....

1 Complétez le bordereau de remise d'espèces à la banque, en fonction du détail des espèces établi par Marie :

- 5 pièces de 5 centimes
- 5 pièces de 20 centimes
- 4 billets de 50 euros
- 16 pièces de 1 euros
- 70 pièces de 2 euros
- 14 pièces de 50 centimes
- 20 billets de 20 euros
- 16 billets de 5 euros

III L'encaissement des chèques reçus

Le RIB permet de connaître et de faire connaître tous les renseignements sur le compte en banque :
- adresse de la banque
- Numéro du compte

DOCUMENT 2 **Le Relevé d'Identité Bancaire**

BNP PARIBAS : Relevé d'Identité Bancaire

Titulaire du compte **Restaurant CHEZ MARIE**

Domiciliation BNP EU Rue DES ORLÉANS

Code banque	Code agence	N° de compte	Clé RIB
30004	00369	0000442377	74

2 Soulignez la domiciliation bancaire du restaurant et entourez ses références bancaires.

DOCUMENT 3 **La remise des chèques à la banque**

Pour remettre un chèque à sa banque, le titulaire d'un compte doit :
- **Endosser** les chèques remis par ses clients, apposer sa signature et le numéro de son compte bancaire au dos du chèque avant de les remettre à la banque.
- **Remplir** le bordereau de remise de chèques.

3 Endossez les deux chèques reçus par le restaurant pour la journée du 15 août.

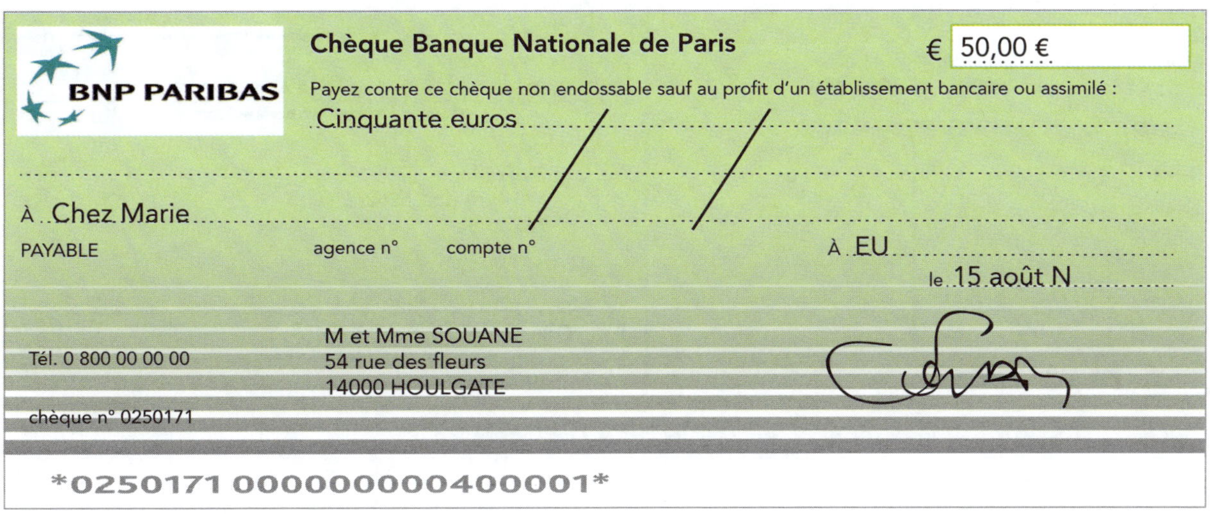
BNP PARIBAS
Chèque Banque Nationale de Paris € 50,00 €
Payez contre ce chèque non endossable sauf au profit d'un établissement bancaire ou assimilé :
Cinquante euros
À Chez Marie
PAYABLE agence n° compte n° À EU
le 15 août N
Tél. 0 800 00 00 00
M et Mme SOUANE
54 rue des fleurs
14000 HOULGATE
chèque n° 0250171
0250171 000000000400001

Dos du chèque BNP

....

SOCIETE GENERALE

Chèque Société Générale € 95,50 €

Payez contre ce chèque non endossable sauf au profit d'un établissement bancaire ou assimilé :

Quatre vingt quinze euros et cinquante centimes

À Chez Marie

PAYABLE agence n° compte n° À EU

le 15 août N

Tél. 0 800 00 00 00

M et Mme MARTINEZ
15 rue du Portugal
76000 ROUEN

chèque n° 0280254

0280254 000000000500002

Dos du chèque SOCIÉTÉ GÉNÉRALE

....

4 Établissez le bordereau de remise de chèques à la banque.

BNP PARIBAS

Réservé à la Banque

Service : PA :
N° Opé :
N° d'ordre : Folio : Document :

Emetteurs Ets payeurs et lieux de paiement	Montants
....	....
....	....
....	....
.... Chèque(s) pour EUR	....

€ **Remise de chèques EUROS**

Le montant de cette remise vous est escompté ce jour et pourra être éventuellement contre-passé au débit de votre compte en cas de non-paiement partiel ou total (voir au verso l'avis au bénéficiaire).

☐ Sur rayon ☐ Hors rayon

Etablir un bordereau distinct par nature de remise

Date	Code agence	N° de compte (8 chiffres)	Réservé à la banque
1 5 0 8 N	0 0 3 6 9	4 4 2 3 7 7 7 4	

Nom et adresse du bénéficiaire

Chez Marie
17 place du Château
76260 EU

Agence tenant le compte
Orléans

Référence remise (facultatif)

BNP PARIBAS - S.A. au capital de 1 772 303 528 euros - Siège social : 16, boulevard des Italiens, 75009 Paris
Immatriculée sous le n° 662 042 449 RCS Paris - Identifiant C.E. FR76662042449 • 3615 BNP PARIBAS • www.bnpparibas.com

BNP en ligne 0 801 63 06 06

IV. Les encaissements par carte bancaire

DOCUMENT 4 **Les facturettes de carte bancaire**

Le commerçant introduit la carte bancaire dans le TPE (Terminal de Paiement Électronique), il tape son code personnel ainsi que le montant à payer. Le client tape son code secret pour valider le paiement. Le commerçant remet une facturette au client et garde le double.

Le paiement sans contact. Basé sur une technologie sans fil à courte portée, la carte sans contact permet de régler des achats d'une valeur inférieure à 20 €. La transaction est simple, rapide et sécurisée : il suffit de passer votre carte sans contact à moins de 4 cm d'un terminal de paiement adapté !

www.visa.fr

DOCUMENT 5 Les facturettes

CARTE BANCAIRE	CARTE BANCAIRE	CARTE BANCAIRE
RESTAURANT **CHEZ MARIE**	RESTAURANT **CHEZ MARIE**	RESTAURANT **CHEZ MARIE**
LE 15/08/N	LE 15/08/N	LE 15/08/N
7852361 4723648947123692	7852362 4723648947123693	7852363 4723648947123694
MONTANT 160 euros	MONTANT 80,50 euros	MONTANT 400 euros
TICKET À CONSERVER Merci Mme LECHARBONNIER	TICKET À CONSERVER Merci M. DUMAS	TICKET À CONSERVER Merci M. ROLIN

5 Calculez le montant des transactions pour la journée du 15 août N.

....

V. Les titres restaurant

DOCUMENT 6 Le Remboursement des titres restaurants

Extrait du Mode d'emploi du CRT. Centre de Règlement des Titres

1 Votre remise doit impérativement être accompagnée de votre bordereau de remise.

2 Reporter la quantité de titres de votre remise et son montant global.

3 Reporter les 9 derniers chiffres en bas à droite d'un titre restaurant.

4 Ranger les titres dans le même sens.

5 Apposer votre cachet sur le devant du titre. L'encre de votre cachet doit être noire.

http://www.crt.asso.fr/

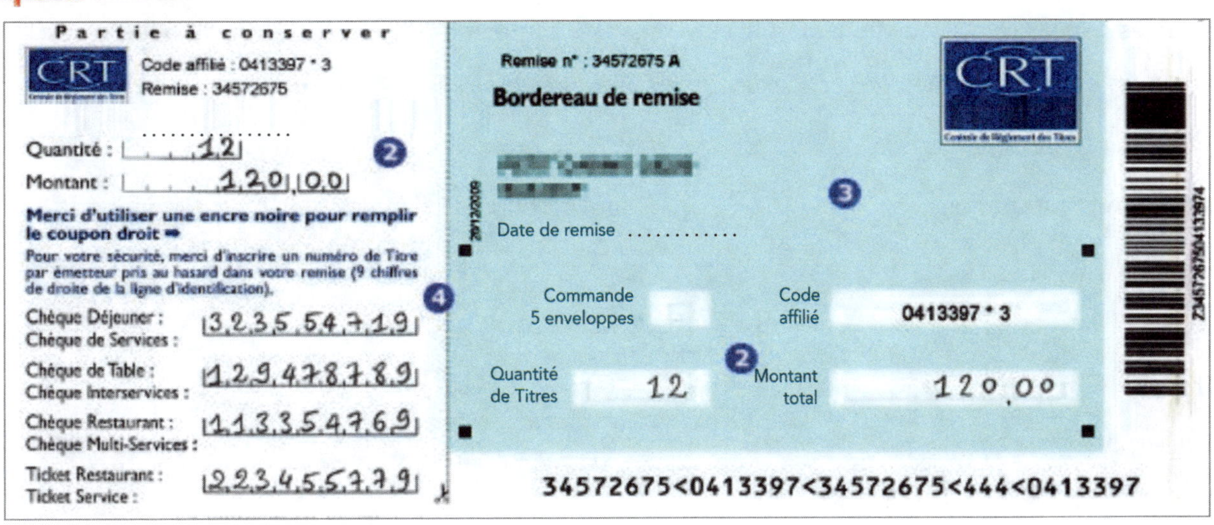
Partie à conserver

CRT

Code affilié : 0413397 * 3

Remise : 34572675

Quantité : 12 (2)

Montant : 120,00

Merci d'utiliser une encre noire pour remplir le coupon droit ➡

Pour votre sécurité, merci d'inscrire un numéro de Titre par émetteur pris au hasard dans votre remise (9 chiffres de droite de la ligne d'identification). (4)

Chèque Déjeuner : Chèque de Services :	323554719
Chèque de Table : Chèque Interservices :	129478789
Chèque Restaurant : Chèque Multi-Services :	113354769
Ticket Restaurant : Ticket Service :	223455779

Remise n° : 34572675 A

Bordereau de remise

CRT

(3)

Date de remise ....

Commande 5 enveloppes

Code affilié 0413397 * 3

Quantité de Titres 12

(2) Montant total 120,00

34572675<0413397<34572675<444<0413397

6 Indiquez le nombre et le montant des titres restaurant remis par Marie au centre de règlement des titres pour la première quinzaine d'août.

....

Fiche de synthèse

Tout règlement en **espèces** doit faire l'objet soit d'un reçu soit d'un ticket de caisse.

Le restaurateur remet à son client .... ou ....

Pour remettre des espèces en banque, le titulaire d'un compte doit remplir un .... qui récapitule .... des pièces et des billets remis à la banque.

Pour encaisser un chèque, le titulaire du compte doit :

....	Inscrire au dos du chèque : – son numéro de compte, ses références bancaires ; – apposer sa signature ou le cachet de l'entreprise.
Remplir	....
Remettre le tout à sa banque.	

La banque remet à chaque titulaire d'un compte ses références bancaires : le ....

BNP PARIBAS : Relevé d'identité bancaire

Titulaire du compte M. et Mme Personne

Domiciliation BNP LIMOGES Rue de Nulpart

Code banque	Code agence	N° de compte	Clé RIB
30008	00741	0000123456789	99

.... = Numéro d'identification de la banque

Code agence ou code guichet = ...

N° de compte = Numéro du compte du titulaire

.... = Clé de contrôle informatique du numéro de compte du client.

Les cartes bancaires : l'encaissement et le règlement sont immédiats puisque transmis *via* les lignes téléphoniques et informatiques. Le service des cartes bancaires émet deux .... : une pour .... et une pour ....

Les titres restaurant ou .... sont retournés à l'organisme émetteur pour en percevoir ....

Entraînez-vous

Chez LES SAVEURS DE LA MER

Récapitulatif des ventes du 25 novembre N du restaurant CHEZ LES SAVEURS DE LA MER :

Chiffres d'affaires du 25 novembre N = 4 235,50 €				
Éléments	**Chèques**	**Cartes bancaires**	**Divers**	**ESPÈCES**
Fonds de Caisse				100,50
Carte Visa		950,00		
American Express		2 500,00		
Ticket restaurant			90,00	
Règlements clients				150,50
Règlements clients	500,00			
Clients en compte			45,00	
Règlement pain				– 20,00
Règlement fleuriste				– 25,45
TOTAL	....	....	....	....

1. Complétez le tableau ci-dessus.
2. Calculez le montant total du chiffre d'affaires de la journée.

....

3. Calculez le montant des dépenses du restaurant pour la journée.

....

4. Calculez le montant de la caisse à la fin du service.

....

5. Quel est le montant des encaissements de la journée ?

....

6. Quel(s) contrôle(s) pouvez-vous faire ?

....

....

7. Le service des cartes bancaires prélève une commission de 0,45 % ; quel sera le montant net perçu par le restaurant ?

....

....

Chez FLEUR BLEUE

Cyril, directeur du restaurant « FLEUR BLEUE », 25 rue du Lilas blanc, 67200 Strasbourg, vous remet la liste des chèques reçus pour la journée du 2 septembre N.

• Mme DELAMARE	Crédit Agricole	Brest	108,30 euros
• M. DE PAUL	Banque Postale	Nice	256,50 euros

Il vous demande de procéder à toutes les opérations utiles pour encaisser les chèques le 2 septembre.

Référence bancaire du restaurant :
Crédit Lyonnais Domiciliation Agence Europe
Code banque 30002 Code agence 012358 N° de compte 0000 78259632 Clé W

1 Endossez les chèques.

Dos du chèque CRÉDIT AGRICOLE

....

Dos du chèque BANQUE POSTALE

....

2 Rédigez le bordereau de remise de chèques.

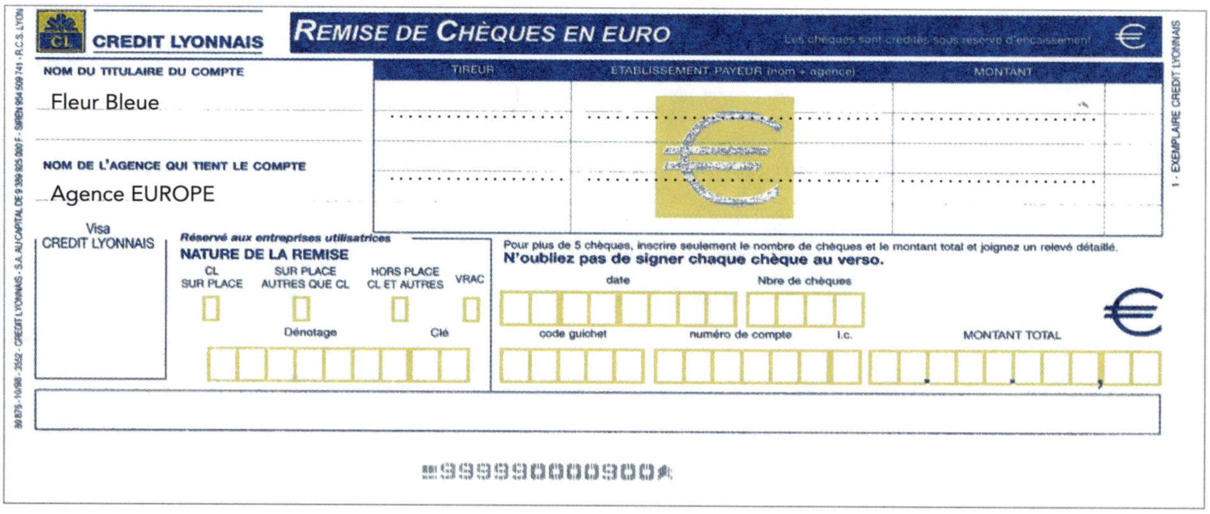

CREDIT LYONNAIS

REMISE DE CHÈQUES EN EURO — Les chèques sont crédités sous réserve d'encaissement €

NOM DU TITULAIRE DU COMPTE
Fleur Bleue

NOM DE L'AGENCE QUI TIENT LE COMPTE
Agence EUROPE

TIREUR	ETABLISSEMENT PAYEUR (nom + agence)	MONTANT
....	....	....
....	....	....

Visa CREDIT LYONNAIS

Réservé aux entreprises utilisatrices
NATURE DE LA REMISE
CL SUR PLACE ☐ — SUR PLACE AUTRES QUE CL ☐ — HORS PLACE CL ET AUTRES ☐ — VRAC ☐
Dénotage — Clé

Pour plus de 5 chèques, inscrire seulement le nombre de chèques et le montant total et joignez un relevé détaillé.
N'oubliez pas de signer chaque chèque au verso.
date — Nbre de chèques
code guichet — numéro de compte — l.c. — MONTANT TOTAL €

1 - EXEMPLAIRE CREDIT LYONNAIS

Évaluation en CCF

L'épreuve CCF de connaissance de l'entreprise et de son environnement fait partie de l'épreuve EP1 du référentiel d'examen.

Technologie culinaire ou de service (16 points), Sciences appliquées (16 points) et Connaissance de l'entreprise et de son environnement (8 points) soit un total de 40 points.
Pour la connaissance de l'entreprise et de son environnement, au moins une question portera sur l'environnement social.

L'évaluation des acquis peut se dérouler à compter de la fin du deuxième trimestre de l'année scolaire de première (1re évaluation) puis de terminale (2e évaluation), dans le cadre des cours, en fonction de la préparation des élèves ou apprentis et lorsque le professeur concerné estime le moment opportun. Chacun des domaines peut être organisé de façon dissociée. Les élèves ou apprentis sont informés préalablement de l'évaluation et de ses objectifs.

Proposition d'évaluation

Les sujets proposés à la suite des thèmes, sont donnés à titre indicatif ainsi que le barème. Chaque professeur, en fonction du niveau de sa classe pourra modifier les sujets, retirer des parties ou au contraire les compléter.

De même, en fonction de sa progression, il pourra mélanger les différents exercices traités. Le but des auteures étant ici de faciliter la tâche de leurs collègues en leur proposant des exercices totalement différents pour chaque évaluation.

La partie Connaissance de l'entreprise et de son environnement est une sous-partie de l'épreuve EP1 que nous partageons entre la Technologie culinaire ou de service et les Sciences appliquées.

Évaluation n°1

Fin de terminale : DATE : ....
Durée 1 heure

NOM : PRÉNOM :

CLASSE : NOTE : /8 points NOTE : /20 points

Vous travaillez depuis quelques mois au SAVEURS DE PRINTEMPS 15 place de la Chine 17 000 La Rochelle. Monsieur Lee, le directeur du restaurant vous confie différentes tâches ainsi que des documents à lui rendre au plus vite.

DOSSIER 1 : La gestion des stocks

M. Lee vous charge de compléter, le **document 1**, la fiche des boîtes de crevettes sauce piquante selon la méthode du CMUP.

DOSSIER 2 : La fiche technique

Le chef cuisinier, M. Wang désire connaître le coût de revient de la crème au sésame pour 8 personnes et pour 24 personnes. Vous compléterez la fiche technique du **document 2**.

DOSSIER 3 : La main courante

Complétez la main courante du 18 août **(document 3)**, sachant que les tables 2 et 3 ont payé par Mastercard, la table 1 en espèces et la 4 par chèque postal.

TABLE 4 : Entrée 5 € Viande 40 € Dessert 15 € Vin 25 € Café 6 €

DOSSIER 4 : Économie

M. Lee se pose un certain nombre de questions sur le bulletin de salaire à remettre à ses employés. Il vous demande de lui répondre sur le **document 4**.

Évaluation n°1

DOCUMENT 1 Boîtes de crevettes à la sauce piquante

		ENTRÉES			SORTIES			STOCKS		
DATE	BONS	Q	PU	T	Q	PU	T	Q	PU	T
1/08	SI							10	2,00	20,00
5/08	BS 73				4	....	....	....	....	....
6/08	BE 54	15	2,70	....				....	....	....
7/08	BS 74				10	....	....	....	....	....
10/08	BE 55	14	2,14	....				....	....	....

DOCUMENT 2 Fiche technique de la crème au sésame

PRODUITS	UNITÉ	PU H.T.	QUANTITÉ 8 PERSONNES	TOTAL
Lait de soja	L	0,90	1	....
Œufs	Pièce	0,10	6	....
Sucre vanillé	KG	0,80	0,350	....
Sésame	La boîte	4,00	1/2	....
COÛT TOTAL				....
COÛT UNITAIRE				....
PRODUITS	UNITÉ	PU H.T.	QUANTITÉ pour 24	TOTAL
Lait de soja	L	0,90	....	....
Œufs	Pièce	0,10	....	....
Sucre vanillé	KG	0,80	....	....
Sésame	La Boîte	4,00	....	....
COÛT TOTAL				....
COÛT UNITAIRE				....

DOCUMENT 3

MAIN COURANTE DU : 18 août N					
	TABLE 1	TABLE 2	TABLE 3	TABLE 4	TOTAL
APÉRITIF		9	15		....
ENTRÉES				....	....
VIANDES	40	50	70	....	....
POISSONS			30		....
DESSERTS	5	4	25	....	....
VINS			38	....	....
CAFÉ THÉ	2	4	10	....	....
TOTAL	....	....	....	....	....
ESPÈCES	....				....
CHÈQUES				....	....
CARTES		....	....		....

DOCUMENT 4

1. Expliquez les sigles C.S.G. et C.R.D.S.

....

....

2. Citez les prélèvements sociaux effectués sur la fiche de paie.

....

3. Quelle est la différence entre le salaire brut et le salaire net et que perçoit le salarié ?

....

4. Citez d'autres revenus que peut percevoir un ménage.

....

....

....

....

....

5. Citez un impôt direct et un impôt indirect.

....

....

Évaluation n°2

Fin de terminale : DATE : ....
Durée 1 heure

NOM : PRÉNOM :
CLASSE : NOTE : /8 points NOTE : /20 points

Vous effectuez votre stage dans une maison de retraite au service restauration. Votre maître de stage, Mme Lenormand, vous charge de certains dossiers de gestion.

DOSSIER 1 : Le coût d'une commande

Les fêtes de Pâques s'approchent et à cette occasion, Mme Lenormand souhaite améliorer le goûter des résidents avec des pâtisseries.
Elle vous demande de calculer sur le **document 1**, le coût à payer pour une éventuelle commande de 400 Forêt Noire à 2 € prix unitaire et de 500 Opéra à 3 € prix unitaire. Remise de 2 %, escompte de 1 %, franco de port si commande supérieure à 1 000 € sinon 50 €.

DOSSIER 2 : La gestion commerciale

Malika, la responsable des achats de la maison de retraite vous pose quelques questions sur la gestion des approvisionnements. Vous répondrez à ses questions sur le **document 2**.

DOSSIER 3 : Le droit du travail

Mme Lenormand vous demande de calculer le salaire brut qu'elle devra verser à Malika et de répondre à ses questions sur le **document 3**.
La responsable des achats a travaillé 169 heures à 15 €/h, 4 heures supplémentaires à 20 % et 1 heure à 50 %.
Malika a consommé 44 repas à 3,49 €/repas et n'a pas consommé 4 repas.

DOSSIER 4 : Le budget des ménages

M. et Mme Lenormand souhaitent connaître leur capacité d'épargne mensuelle en fonction de leurs dépenses. Vous établirez leur budget et répondrez à leurs questions sur le **document 4**.

Recettes et Charges mensuelles

Mme Lenormand gagne 2 000,00 € et son mari 2 300,00 € Allocations diverses : 200,00 € Loyer charges comprises : 1 200,00 € Assurance habitation : 160,00 € Eau : 64,00 € Électricité (hors chauffage) : 66,00 € Gaz (chauffage) : 118,00 € Dépenses en transport : 150,00 € Assurance automobile : 52,00 € Mutuelle santé : 120 €	La taxe d'habitation (part mensuelle) : 70,00 € Impôt sur le revenu (part mensuelle) : 280,00 € Téléphone fixe : abonnement + communication + internet : 36,00 € Téléphone portable : deux forfaits à 30,00 € chacun et 20,00 € pour les deux aînés. Alimentation : 850,00 € Vêtement : 200,00 € Frais de scolarité divers : 100 € Loisirs (cinéma, restaurant, livres...) : 400,00 €

DOCUMENT 1

ÉLÉMENTS	CALCULS	MONTANT
400 Forêt Noire	400 × 2	800,00
500 Opéra	....	....
Total Brut	....	....
Remise	....	....
Net commercial	....	....
Escompte	....	....
Net financier	....	....
Transport		....
Total	....	....

DOCUMENT 3 Le calcul du salaire brut de Malika

Salaire de base 169 h × 15 €	....
Heures complémentaires 110 % 17,33 h × 16,50 €	285,95
Heures supplémentaires 120 % 4 h ×	....
Heures supplémentaires 150 % 1 h ×	....
Avantages en nature 44 × 3,49 €	....
Indemnités compensatrices 4 × 3,49 €	....
SALAIRE BRUT	....

DOCUMENT 2

LA COMMANDE	V	F	Bonne réponse
La commande est un contrat qui engage le client et le fournisseur.			
La signature manuscrite est la seule preuve valable.			
Le client garde l'original du bon de commande.			
Le bulletin de commande est pré-imprimé par le fournisseur.			
LA LIVRAISON			
C'est le livreur qui vérifie l'état de la livraison.			
En cas d'erreur, le client formule ses réserves sur le bon de livraison.			
Il faut envoyer une lettre RAR dans les 3 jours pour formuler les réserves.			
LES STOCKS			
Lorsqu'une livraison arrive, on établit un bon de sortie.			
Être en rupture de stock signifie que la quantité en stock est négative.			
Le bon d'entrée est établi pour les entrées en cuisine.			
Le coût d'achat est égal au prix d'achat + les frais d'approvisionnement.			

Les questions de Mme Lenormand

1 Expliquez à Malika pourquoi son salaire net sera inférieur au salaire brut.

....

2 Expliquez à Malika pourquoi Mme Lenormand va retirer 153,56 € du salaire net avant de lui faire le chèque pour son salaire du mois.

....

....

DOCUMENT 4 **Budget mensuel de M. et Mme Lenormand**

Recettes	
Salaire de Monsieur Lenormand	....
Salaire de Madame Lenormand	....
Allocations diverses	....
Total des Recettes	....
Dépenses	
Loyer	....
Assurance	....
Eau	....
Électricité	....
Gaz	....
Transport	....
Assurance automobile	....
Mutuelle santé	....
Taxe d'habitation	....
Impôt sur le revenu	....
Téléphone fixe	....
Téléphone portable	....
Vêtements	....
Alimentation	....
Frais divers de scolarité	....
Divers (cinéma, restaurant, livres)	....
Total des Dépenses	....

1. M. et Mme Lenormand peuvent-ils mettre de l'argent de côté tous les mois et si oui, combien ?

....

....

2. Citez différentes raisons qui peuvent inciter les ménages à mettre de l'argent de côté.

....

....

3. M. et Mme Lenormand envisagent de changer de voiture, donc de faire des économies supplémentaires. Sur quel(s) poste(s) peuvent-ils agir ?

....

Fin de seconde : DATE : ....
Durée 30 minutes

NOM : PRÉNOM :
CLASSE : NOTE /8 points NOTE : /20 points

Vous effectuez votre stage chez **La Table de Bacchus** au cœur de Béziers. Ricardo, le responsable de la cave souhaite élargir son offre pour la clientèle et vous charge de plusieurs dossiers.

DOSSIER 1 : La commande

Ricardo vous charge de passer, le 12 octobre, la commande aux Caves du Paradis, son fournisseur habituel, il vous remet la fiche du fournisseur en annexe 1 et ses conditions de vente en annexe 2 et sa demande d'achat en annexe 3.

Annexe 1 : La fiche fournisseur
LES CAVES DU PARADIS
BP 110 34000 Béziers
RCS Béziers B 123 456 789

Annexe 2 : Les conditions de vente
Franco à partir de 650 € sinon forfait de 90 €
Les bouteilles sont vendues par carton de 12.
Réductions :
5 % à partir de 5 cartons.
8 % 10 cartons
10 % 15 cartons
15 % 25 cartons
18 % 35 cartons
Paiement à la livraison par chèque.
Délai de livraison 2 jours.

TARIF Le carton de 12	
Rouge de pays	32,00 €
Gris de la vallée	32,00 €
Cabernet Sauvignon	36,30 €
Blanc des Coteaux	76,50 €
Cuvée de Printemps	76,50 €
Cuvée Prestige	70,00 €
Pétillant des Cieux brut	50,50 €
Pétillant des Cieux doux	50,50 €

Annexe 3 : La demande d'achat de Ricardo
48 bouteilles Rouge de pays, 60 de Gris de la Vallée, 12 de Blanc des coteaux et 84 Cuvée Prestige.

Dans un premier temps, vous chiffrerez le montant de la commande en justifiant vos calculs **(document 1)** et dans un deuxième temps vous rédigerez le bon de commande **(document 2)**.

DOSSIER 2 : Le statut juridique de l'entreprise

Ricardo souhaite vérifier vos compétences sur le statut juridique de son établissement. Il vous remet la carte d'identité du restaurant et vous demande de répondre à ses questions sur le **document 3**.

RESTAURANT **LA TABLE DE BACCHUS**
16 boulevard CHARLES DE GAULLE
34000 BÉZIERS
RCS BÉZIERS A 147 258 369 Capital 38 000 €

Évaluation n°3

DOCUMENT 1 Justification des calculs

LA DEMANDE DE RICARDO	Calcul du NB de cartons	PRIX DU CARTON	TOTAL
48 Rouge de pays	....	....	....
60 Gris de la vallée	....	....	....
12 Blanc des coteaux	....	....	....
84 Cuvée prestige	....	....	....
	TOTAL = ... cartons	TOTAL	....

ÉLÉMENT	SOMMES
Total H.T.	....
Remise Taux :	....
Net commercial	....
Transport	....
TOTAL	....

Taux de remise : ....

DOCUMENT 2 Le bon de commande

RESTAURANT LA TABLE DE BACCHUS
16, Boulevard CHARLES DE GAULLE
34000 BÉZIERS
RCS Béziers A 147 258 369

Entreprise individuelle
Capital 38 000 euros
BNP 000022 89 37/74

✈ 04 47 20 28 70
✚ 04 47 20 28 71
✗ bacchus@yahoo.fr

Conditions de vente

Remise : ....
Escompte : ....
Mode de règlement : ....
Date de règlement : ....
Livraison : ....
Frais de transport : ....

....
....
....

COMMANDE N° 475

Le, ...

Désignation	Unité	Quantité	Prix unitaire
....	....	....	....
....	....	....	....
....	....	....	....
....	....	....	....
....			

DOCUMENT 3

Raison sociale : ....

Siège social : ....

RCS : ....

Montant du capital : ....

Nature juridique du restaurant : ....

Évaluation n° 4

Fin de seconde : DATE : ....
Durée 30 minutes

NOM : PRÉNOM :
CLASSE : NOTE /8 points NOTE : /20 points

Vous avez effectué votre stage chez M. Kovazevich, le patron du restaurant **L'Étoile de Kiev**.
Les fêtes de fin d'année approchent et le patron est débordé ; très satisfait de votre travail, il vous demande de venir l'aider dans son travail de gestion.

DOSSIER 1 : Le calcul de TVA

M. Kovazevich vous demande de calculer le montant HT et le montant de la TVA pour la journée du 24 juin N. Vous complétez à cet effet le **document 1**.

DOSSIER 2 : La gestion commerciale

L'Étoile de Kiev a reçu un certain nombre de factures. M. Kovazevich souhaite que vous contrôliez la facture reçue des établissements « Au Caviar de la Baltique » en annexe 1 et que vous répondiez à ses questions sur le **document 2**.

DOCUMENT 1 La préparation de la TVA

Éléments	TTC	Calculs	HT	TVA
Repas	550,50	....	....	....
Café-Thé	54,60	....	....	....
Vin	120,00	....	....	....
Apéritifs	90,50	....	....	....
TOTAL	....		....	....

ANNEXE 1 La facture des établissements « Au Caviar de la Baltique »

AU CAVIAR DE LA BALTIQUE
77 rue de la Sainte Russie
75006 Paris
RCS Paris B 963 852 741

Capital 852 987 €
BNP 0004578 W
✈ 01 48 77 65 23
✚ 021 48 77 65 29

Conditions de vente

Remise : 1,75 % ....
Escompte : 1,50 %....................
Mode de règlement : par chèque..............
Date de règlement : le 26 décembre N...
Livraison : 8 jours....................
Frais de transport : Franco de port.........

L'Étoile de Kiev
Place Nicolas II
75006 Paris

Bon de commande N° 489 du 12 décembre N
Bon de livraison N° 743 du 20 décembre N

Facture N° 7892
Le 22 décembre N....

Référence	Désignation	Unité	Quant	P.U	Remise	NET	Total
231	Caviar Baeri sélection réserve	30 g	4	74	1,75	72,70	290,80
251	Caviar Beluga sélection premier	30 g	5	159	1,75	156,22	781,10
252	Caviar Beluga sélection réserve	30 g	2	269	1,75	264,43	528,86
	TOTAL H.T. Escompte 1,50 %						1 838,82 27,58
	Net financier						1 811,24
	TVA 19,6 %						355,00
	T.T.C.						2 166,24
	Transport						25,00
	NET À PAYER						2 191,24

DOCUMENT 2 Note à remettre à M. Kovazevich

1 Le montant à payer est-il correct ? Merci de me signaler les erreurs.

....

....

....

....

....

....

....

....

2 Calculez le montant exact à payer et rédigez le chèque à notre fournisseur.

....

Crédit Agricole € ....

Payez contre ce chèque non endossable sauf au profit d'un établissement bancaire ou assimilé :

....

....

À ....

PAYABLE agence n° compte n° À ....

le ....

Tél. 0 802 35 51 98

Étoile de KIEV
Place Nicolas II
75006 Paris

chèque n° 0250171

0250171 000000000400001

CRÉDITS PHOTOGRAPHIQUES

Couverture : ph© Philippe Martineau/Haytham pictures

p. 7 : WavebreakmediaMicro/Fotolia ; slavun/Fotolia ; p. 8 : Yves Roland/Fotolia ; bertys30/Fotolia ; poligonchik/Fotolia ; Africa Studio/Fotolia ; p. 9 : Istock ; Kromosphere/Fotolia ; auremar/Fotolia ; CandyBox Images/Fotolia ; pixarno/Fotolia ; fotografkinja/Fotolia ; Paty Wingrove/Fotolia ; p. 10 : Serghei Velusceac/Fotolia ; Aaron Amat/Fotolia ; carlosgardel/Fotolia ; p. 11 : Jérôme Salort/Fotolia ; p. 12 : laurent hamels/Fotolia ; jy cessay/Fotolia ; Olivier Dirson/Fotolia ; picsfive/Fotolia ; CandyBox Images/Fotolia ; Speedfighter/Fotolia ; p. 13 : tsach/Fotolia ; tsach/Fotolia ; p. 14 : gormonrosta/Fotolia ; Rob/Fotolia ; p. 15 : Gilles Paire/Fotolia ; Scanrail/Fotolia ; p. 19 : WavebreakmediaMicro/Fotolia ; p. 25 : Brad Pict/Fotolia ; p. 33 ; Ivonne Wierink/Fotolia ; p. 34 : Jörg Hackemann/Fotolia ; p. 38 : rangizzz/Fotolia ; dacasdo/Fotolia ; p. 38 : kotoyamagami/Fotolia ; p. 39 : Barna/Fotolia ; p. 40 : lichtmeister/Fotolia ; p. 43 : Yuri Arcurs/Fotolia ; p. 45 : Yuri Arcurs/Fotolia ; p. 46 : Marc Roche/Fotolia ; p. 47 : jeanphilippe delisle/Fotolia ; p. 49 : Christophe Denis/Fotolia ; p. 50 : zuchero/Fotolia ; p. 51 : Alexi Tauzin/Fotolia ; p. 57 : Maurice Metzger/Fotolia ; CandyBox Images/Fotolia ; p. 58 : Sergey Galushko/Fotolia ; p. 58 : Beboy/Fotolia ; PackShot/Fotolia ; adisa/Fotolia ; Christophe Fouquin/Fotolia ; Christophe Fouquin/Fotolia ; M. studio/Fotolia ; monregard/Fotolia ; p. 59 : Christophe Fouquin/Fotolia ; p. 60 : Istock ; p. 65 : M. studio/Fotolia ; Istock ; p. 66 : M. studio/Fotolia ; p. 67 : contrastwerkstatt/Fotolia p. 70 : Maurice Metzger/Fotolia ; sarsmis/Fotolia ; p. 71 : monticellllo/Fotolia ; Robert Kneschke/Fotolia ; Boris Ryzhkov/Fotolia ; p. 72 : Yuri Arcurs/Fotolia ; mayamo/Fotolia ; stoleg/Fotolia ; alexandre zveiger/Fotolia ; robert lerich/Fotolia ; Kurhan/Fotolia ; p. 77 : F. CRIMET/Relais Guillaume de Normandy ; p. 78 : magraphics.eu/Fotolia ; dutourdumonde/Fotolia ; p. 79 : DjiggiBodgi. com/Fotolia ; p. 87 : J. FOURNIER – Le Ferme de Bellevue ; p. 88 : m.u.ozmen/Fotolia ; seralex/Fotolia ; Natika/Fotolia ; p. 89 : m.u.ozmen/Fotolia ; Olympixel/Fotolia ; p. 93 : marcelgo/Fotolia ; openlens/Fotolia ; p. 94 : Foodpictures/Fotolia ; p. 96 : JPC/Prod/Fotolia ; Studio DER/Fotolia ; p. 96 : Ignatius Wooster/Fotolia ; p. 101 : marcelgo/Fotolia ; p. 105 : Alex/Fotolia ; p. 115 : Jonathan/Fotolia ; p. 118 : Monkey Business/Fotolia ; p. 123 : Alex/Fotolia ; Foodpictures/Fotolia.

Achevé d'imprimer en mars 2013 par «La Tipografica Varese S.p.A.»
Éditions Delagrave – N° d'éditeur: 2013 -0045 – Dépôt légal : mars 2013

Certifié PEFC
Ce produit est issu de forêts gérées durablement et de sources contrôlées
PEFC/18-31-264
www.pefc-france.org